尽　善　尽　美　　弗　求　弗　迪

HR进化

新时代招聘管理与薪酬绩效

马娜◎著

電子工業出版社
Publishing House of Electronics Industry
北京 · BEIJING

内容简介

人力资源管理直接影响公司的经营绩效，对实施企业战略、优化企业内部效能至关重要。企业外部经营优势很容易被模仿，而完善的人力资源管理所带来的竞争优势却很难被模仿。

本书将从整体到局部，全面介绍人力资源管理的各个方面，其中包括人力资源规划、招聘、绩效、薪酬等内容。通过对概念、方法、案例等的讲解，使读者对人力资源管理有一个全面的认识。

通过阅读本书，读者可以在实践中系统地掌握人力资源管理的各个环节的要点。本书不仅适合人力资源管理从业人员使用，同时也可以为公司各级管理者提供参考，还可以作为公司培训管理咨询界及高校相关专业本科生的学习资料使用。

图书在版编目（CIP）数据

HR进化：新时代招聘管理与薪酬绩效 / 马娜著. —北京：电子工业出版社，2020.5
ISBN 978-7-121-38309-0

Ⅰ. ①H… Ⅱ. ①马… Ⅲ. ①企业管理—人力资源管理 Ⅳ. ①F272.92

中国版本图书馆CIP数据核字（2020）第021726号

责任编辑：王小聪
印　　刷：三河市鑫金马印装有限公司
装　　订：三河市鑫金马印装有限公司
出版发行：电子工业出版社
　　　　　北京市海淀区万寿路173信箱　邮编 100036
开　　本：720×1000　1/16　印张：16　字数：262千字
版　　次：2020 年 5 月第 1 版
印　　次：2020 年 5 月第 1 次印刷
定　　价：49.80元

凡所购买电子工业出版社图书有缺损问题，请向购买书店调换。若书店售缺，请与本社发行部联系，联系及邮购电话：（010）88254888，88258888。

质量投诉请发邮件至 zlts@phei.com.cn，盗版侵权举报请发邮件至 dbqq@phei.com.cn。

本书咨询联系方式：（010）57565890，meidipub@phei.com.cn。

前　言

人力资源管理涉及公司管理的方方面面。尤其是在移动互联网高速发展的当下，对员工的管理工作不断更新变化，值得所有 HR 人员深入学习。

人力资源管理的工作涉及员工人力资源规划、招聘与配置、培训与开发、绩效管理、薪酬福利、员工关系，其中招聘、绩效和薪酬是核心模块。公司管理者和 HR 人员只有清楚地了解这三方面的内容及方法，才能够帮助公司更好地校正人力资源管理的战略方向，实现公司价值的最大化。

本书共四篇，分别是入门篇、招聘篇、绩效篇和薪酬篇。入门篇讲述了人力资源管理的关键点和人力资源规划，可以为 HR 人员从业奠定良好基础。后面的三篇则是以“干货”为主导，向 HR 人员传授招聘、绩效和薪酬三方面的应用技巧。

本书立足实战，所有的理论知识都结合了案例讲解，操作步骤也辅以具体的案例。本书对实际操作过程中可能遇到的问题及背后的原因都进行了详尽的解释说明，为读者的实际操作提供了强有力的支持。

另外，本书的文字内容也力求浅显直白、清晰流畅，目的就是要让读者在轻松愉快的氛围中学到知识和方法。通过对本书的学习，读者可以将知识快速应用于员工管理当中，发挥人力资源的潜力。对于广大读者而言，对本书的学习之旅会是一段非常美好的体验。

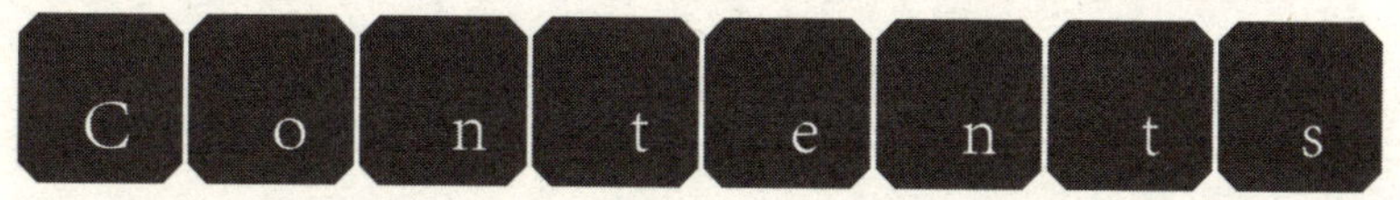

附录

入门篇

吃透痛点，做好规划

第 1 章 新时代人力资源管理的困境与应对

人力资源管理是企业管理的重要方面。随着互联网时代的到来，人力资源管理面临着新的挑战。HR 人员应该如何应对挑战并不断提升自己，本章将为您详细介绍。

1.1 HR 人员的困境

理想与现实存在不可调和的矛盾。求职者希望工作“钱多，事少，离家近”，公司则希望员工“拿钱少，干活多”，而同行却提供了“钱多，事少，离家近”的待遇，HR 人员只能负重前行。

1.1.1 人才竞争越来越激烈

现在注册公司门槛低，一大批创业者走上了创业之路，人才市场的活力得到进一步激发。对于已经成立多年的公司来说，面对的竞争压力更大。

黄勇是上海一家互联网公司的产品经理，在此公司工作了 3 年，工作经验十分丰富，年薪 45 万元左右。在一次互联网峰会上，黄勇以嘉宾的身份受邀分享产品推广方面的经验。当时竞争对手公司的董事长张文也在现场。在与黄勇探讨完专业知识后，张文认为黄勇专业度很高，是难得的人才。

于是张文提出希望黄勇能到自己的公司入职，并给出了 70 万元的年薪，还答应给他副总经理的职位，直接负责一个新产品的研发。

黄勇最终接受了张文的邀请。原来公司的总经理刘程原计划在下一年度给黄勇涨薪 50%，结果还是被同行抢走了人才。

张文给出如此高的待遇让黄勇入职自己的公司，因为他深知人才竞争的激烈程度。此前，在自己亲自寻找人才的同时，他还和猎头公司合作进行定向高级人才寻找。

张文和上海一家猎头公司曾达成协议，由猎头公司从各种渠道找到至少 50 位符合张文基本要求的各岗位候选人才。

猎头公司在首轮电话沟通后会筛掉 2/3 左右的人选，再通过面对面谈判，选择 10 位左右进行较为彻底的背景调查，优选后保留 5 位候选人进入专家顾问环节，最终选出 2 位优质候选人推荐给张文。经过一年多的努力，张文的公司人才济济，公司项目开展迅速。

美国一家机构做了一项调查，结果显示，在发达城市的核心区域，中等难度的岗位可挑选的人才占区域总人数的比例不到 2%。假如这一区域有 100 万人口，则适合公司相应岗位的人不足 2 万人。由于求职者本身的原因及竞争对手的争夺，余下能够参与公司面试的人数会更少。

1.1.2　员工流动率居高不下

陈鹏于 1993 年出生，大学在重点院校学习软件工程专业，于 2016 年本科毕业。平时喜欢自由，不喜欢被过多约束。

他所在的公司临时接了一个开发项目，需要赶工，公司开展了动员大会。大会第二天，陈鹏提出了离职。

陈鹏认为，工作不是必需品，诗和远方还是要有的。

无独有偶，吴永浩也在入职后不久离职了。

吴永浩在北京一家互联网公司负责程序软件开发工作，与公司签订了为期 3 年的劳动合同，试用期为 3 个月。

公司规定试用期月薪为 9000 元，转正后为 13000 元，但是吴永浩已经有结婚的计划，目前需要还房贷，经济压力较大，希望重新找一份薪资更高的工作。

于是吴永浩开始一边工作一边在网上投简历。在入职半年后，吴永浩在北京另一家互联网公司找到了一份软件开发工程师的工作，月薪为 25000 元，于是吴永浩选择从原公司离职。

很多公司都面临着员工离职率居高不下的问题。离职看似是员工的个人行为，但更能反映出企业存在的问题，不尽如人意的企业氛围和制度可能会动摇员工的忠诚度，最终导致员工离职。

因为目前工作选择变多，当下青年群体中普遍存在“骑驴找马”的现象。智联招聘、拉勾网、58 同城等人才招聘网站为员工提供了“琳琅满目”的工作机会，就业渠道和机会的增加，使员工难免心生浮躁，频频产生离职的想法。

此外，每个企业都有不尽如人意的地方，或许是领导过于严苛，或许是工作过于单调，又或许是人事关系过于复杂，这些极易动摇员工的工作耐性，再加上没有及时合理的疏导，员工极易选择离职这条路。

孙志勇为一家公司刚入职一个月的推广专员，公司组织培训三次，HR 人员用了一周时间帮助其熟悉工作，并安排了两名资深员工为其提供指导，公司还提供节日福利、公司团建等。

但孙志勇在一个月后办理了离职手续，不但造成了公司资源的浪费，也使人力资源管理工作受到严重干扰。

推广部门其他新入职的同事看到孙志勇离职，便询问其原因，结果导致新入职同事心态不稳，这很容易影响工作并产生跟风离职现象。

这直接增加了 HR 部门的工作强度，人员在初期流失会浪费培训成果，同时，反复的招聘、面试会增加工作量，使 HR 部门的工作受影响。

1.2 HR 进阶五部曲

HR 部门为公司提供人力资源支撑，为公司不断输入新的血液。HR 人员的能力高低直接影响入职率、离职率及工作绩效，因此 HR 人员有必要进行进阶学习，不断进化。

1.2.1　收集重要信息并有效分析

HR 人员的工作之一是收集信息并将其进行分类和整合。我们以面试时的信息收集为例，讲述信息收集与分析的逻辑。

面试的过程是面试人员和求职者之间的心理“博弈”过程，面试人员要想快速识别求职者是否说出了真实情况，除了要有丰富的阅历，还应从求职者的表述和身体语言中寻找真相。

在面试过程中，求职者提供不实信息时会呈现一些细节特征，例如：过度和夸张的表达、内容过于简练、信息前后矛盾等。对于面试人员来说，对谎言的识别有一定困难，因为求职者很有可能已经对谎言“精心构思”过，但是只要细心观察还是能发现其中的问题的。

北京一家公司的面试人员孙静在面试时就发现了求职者表达中的不实情况。

面试中孙静问道：“我从简历上看到，您在毕业之后还在上海工作过一段时间，能谈谈那段工作经历吗？”

求职者回答说：“我工作的上一家公司几年前就已经上市，公司的资产大概有 20 多亿元，公司的管理很混乱，人浮于事。我的月薪是 8000 元，工作范围很广，不少项目都是我牵头并负责的，后来总经理不想让我离职，又把我的月薪涨到 1 万元，因为我当时要去读 MBA，所以才离开公司。”

面试人员孙静很快就从求职者的表述中发现了破绽，如果求职者真的在那样大的上市公司工作，牵头的工作不太有可能让个人负责，这种情况只可能发生在小公司，而且上一家公司如果真的有这样的发展空间，这名求职者也不太可能辞职，因此面试人员孙静推断这名求职者的简历和自我叙述都存在虚假成分。

于是孙静对求职者做了背景调查，调查结果显示，求职者为上一家公司的一线员工，当时公司提拔他做主管，但他因能力问题无法胜任工作，公司决定让他继续做一线员工，求职者一时无法接受，主动提出辞职。

信息收集不应只在面试现场和面试后进行，在筛选简历阶段就应做好把关，在入职后还要对信息进行验证。

1.2.2 融入需求部门

在招聘阶段，HR 人员只负责招聘，由需求部门分配求职者的工作。这就产生了一个信息传递的问题。

深圳一家公司产品部要招聘一位产品经理，并给出了基本关键词，如图 1-1 所示。

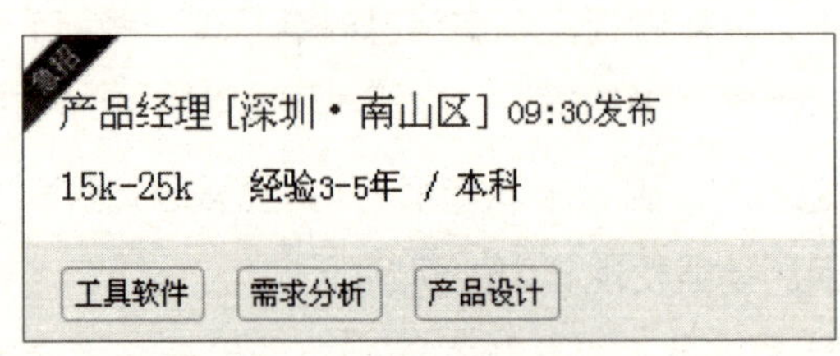

图1-1 招聘基本关键词

该公司的 HR 人员根据产品部的需求对求职者提出了具体的要求，摘要如下。

我们希望找一位有能力、有想法，擅长从用户角度考虑问题的产品经理加入我们的核心团队，为各大电商卖家及买家提供最好的体验。

一、岗位职责

1. 根据业务需求，定义产品的交互流程逻辑，打磨交互功能细节，持续提升用户体验，提升用户转化率；

2. 参与产品生命周期的管理，通过分析产品数据，了解用户痛点，分析用户行为，从中提炼需求，并输出产品 PRD 及交互方案；

3. 跟进 UI 设计，把控产品体验细节，协调并推动开发人员的工作，确保产品达到上线标准。

二、岗位要求

1. 统招本科及以上学历，英语读写熟练；

2. 2 年及以上互联网产品经理工作经验，有 B2B 或 SaaS 相关工作经验；

3. 熟悉交互设计的各种方法及工具，能够提供高质量的产品原型、流程图、线框图等清晰的表达设计方案；

4. 良好的学习能力、理解能力和沟通能力，责任心强，积极好学。

三、加分项

1. 喜欢用国际化产品，经常写博客或在产品经理社群活跃并有贡献；

2. 熟悉敏捷开发，有技术背景；

3. 熟练使用 Sketch 或相关工具。

我们看了这一则招聘信息，发现其写得特别详细。

这家公司的 HR 人员并没有从事产品经理工作的相关经验，但是能够亲自写出这样的招聘信息，这与和产品部负责人的深度沟通是分不开的。

一般来说，HR 人员由于对具体部门的工作方式、工作流程、办公工具等不熟悉，很难写出特别详细的招聘信息。那么如何解决这一问题呢？

一位业务能力强的 HR 人员就为我们做了很好的示范。他在听到部门经理想招聘一位前端程序员的招聘需求后，分别从这些方面对部门经理进行了进一步询问：

1. 内部视角

询问上一位前端程序员为何离职，是不是可以想什么办法解决人才流失问题；同时询问部门经理能否内部招聘一位前端程序员。

2. 外部视角

主动向部门经理询问哪几家企业的前端程序员较为出色，是否能够放宽学历要求，接受全面型人才；对薪资也会有进一步的沟通，确定定价是否符合市场需求，能否接受工资调整；当然还必须沟通清楚岗位工作情况。

通过较为全面的询问，重新定位岗位的需求与自身招聘的方向，HR 人员才能为岗位搜索到最合适的人才。

由此可见，HR 人员在接到需求部门的招聘任务后，首先要融入需求部门，与部门负责人进行详细沟通，明确部门的需求方向、对求职者的技能要求等。只有这样，才会做到根据需求精准招聘。

1.2.3 制度标准公开化

人力资源管理涉及企业的人力资源规划、招聘与分配、培训、绩效管理、薪酬管理的方方面面。公平竞争、优化绩效、多劳多得是人力资源管理所追求的目标，而人力资源管理制度标准公开化是招聘和晋升公平竞争、优化绩效和薪酬合理分配的重要保障。

人力资源管理制度标准公开化保证了制度标准的公平公正。人力资源管理制度标准公开化的优势体现在招聘、晋升、薪酬管理等方面，保证了招聘、晋升与薪酬管理的公平公正，具体体现在以下三个方面，如图 1-2 所示。

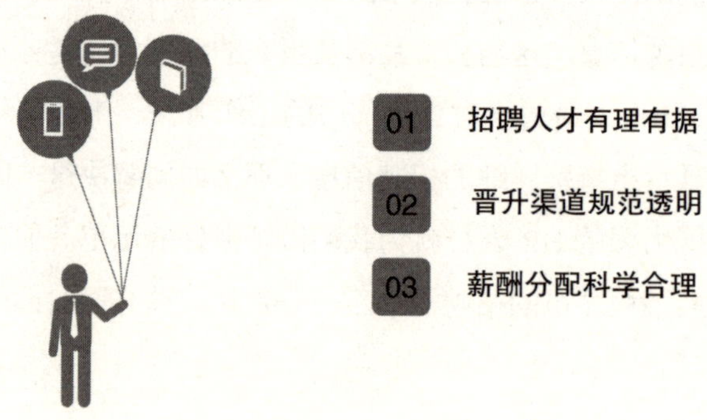

图1-2 人力资源管理制度标准公开化的优势

1. 招聘人才有理有据

HR 人员在招聘过程中，需要用统一、客观、可量化的方式来评价每一位求职者，人力资源管理制度标准公开化为 HR 人员提供了科学依据，同时也规范了 HR 人员的行为，使其做到招聘人才有理有据、科学合理。

人力资源管理制度标准公开化，使得招聘中的报名、资格审查、面试、筛选等环节都是公开透明的，确保了招聘各环节都有据可查，从而做到了招聘人才有理有据。

2. 晋升渠道规范透明

企业要提高员工的技能和素质，需要建立合理的晋升机制，帮助员工成长和发展。而人力资源管理制度标准公开化使员工的晋升渠道变得透明，晋升流程及考核都是公开的，从而规范了员工晋升，保证了晋升的公平公正。

3. 薪酬分配科学合理

在进行薪酬科学合理分配的过程中，按劳分配、多劳多得是企业应遵循的重要原则。人力资源管理制度标准公开的同时也公开了不同部门的工作任务、工作量和薪酬考核标准，使员工对于自己的薪酬能够做到心中有数，促进了薪酬的科学合理分配。

总之，人力资源管理制度标准公开化使得招聘、晋升与薪酬分配都有据可依、有据可查，保证了各环节的公平公正。

1.2.4 费斯汀格法则

在“80/20 法则”已被广泛接受之后，费斯汀格法则也走入了人力资源管理领域。

费斯汀格法则是由美国社会心理学家费斯汀格（Festinger）提出的，他认为，生活中的事 10% 是由发生在你身上的事情组成的，而另外的 90% 则是由你对所发生的事情如何反应决定的,同时他还通过一个案例进行了说明。

早上，丈夫在洗漱时将手表放在洗漱台上，妻子怕手表被水淋湿将其放到了餐桌上。儿子拿面包时不小心将手表碰到地上摔坏了。丈夫心疼手表，打了儿子一下，并批评了妻子。

妻子认为自己的出发点是对的，于是二人吵了起来。丈夫早餐没吃，直接去了公司，却忘记拿公文包了，不得不返回家去取。妻子和儿子此时也不在家，丈夫的钥匙在公文包里，于是他只能打电话让妻子回家。妻子在回家的路上，撞翻了路边的水果摊，只得赔钱了事。尽管丈夫最终拿到了公文包，但是已经迟到了，被上司严厉地批评了一通。妻子心里有气，将气撒到同事身上，被扣了当月奖金。儿子原本有希望获得棒球赛冠军，但由于心情不好，很快被淘汰出局。

如果丈夫能够在知晓手表摔坏的时候，安慰一下儿子，此后一系列的事情很可能就不会发生。

可见，你控制不了前面的 10%，但完全可以通过你的心态与行为决定剩余的 90%。

HR人员在与需求部门、求职者做沟通时，难免遇到让人感到郁闷的事情，如需求部门提出在10天内完成招聘任务，而根据以往经验，这需要2个月，又如求职者在面试时抵制背景调查，并出言不逊等。

作为优秀的HR人员，遇到此类事情，要加强沟通，主动引导对方将关系向良性方向发展。

1.2.5　从根本上改变思维模式

在传统的人力资源管理中，HR部门的工作包括企业的人力资源规划、招聘与配置、培训与开发、绩效管理、薪酬管理、劳动关系管理六大块内容，这些工作大部分是通过一对多的方式进行的，HR部门执行这种系统性、大体量的工作，会导致内部职能分散。这时HR人员需要转变思路，学习新的思维模式。

那么，HR人员需要如何转变思路，学习哪些新的思维模式呢？HR人员需要学习的新的思维模式主要包括以下几个方面。

1. 结果导向型思维

HR人员在工作中一定要建立结果导向型思维。对于HR人员的工作来说，结果是十分重要的，招聘不仅是面试，更要看聘任通知能不能被接受；绩效与薪酬管理不仅是制订分配计划，还要看目标是否完成、能否有效地起到激励员工的作用。

结果导向型思维能够使HR人员以任务结果为目标，这样能够根据目标实时调整计划，也能够激励HR人员顺利达成目标。

2. 服务导向型思维

服务型导向型思维要求HR人员重视人才、珍惜人才。无论是在招聘还是在日常的管理中，要多与求职者或员工沟通，事事有回应。HR人员不要以管理者的姿态面对员工，而要以服务者的姿态服务员工。

例如，在面试中，HR人员不要居高临下地面对求职者，因为求职者可能是公司的潜在员工，也可能是潜在客户。服务导向型思维有助于HR人员招聘到人才并留住人才。

3. 主动型思维

主动型思维对于 HR 人员也是十分重要的，主动型思维的核心就是不是别人要求自己做才做，而是自己积极主动地去做。

对于 HR 人员来说，就是积极地制订计划、策略，积极地面对挑战并努力完成目标。主动型思维的逻辑是没有什么是不可能的，要敢于打破限制。

4. 接纳型思维

对于同一件事，不同的人会有不同的观点，这就需要 HR 人员具有接纳型思维。接纳型思维主要表现在两个方面。

一方面，HR 人员在制订计划时，要善于接纳员工的合理意见；另一方面，HR 人员在看到不同意见时，不妨学会换位思考，站在对方的角度看问题，这有助于理解并接纳对方的思想，使问题顺利解决。

总之，HR 人员从以上几个方面来改变自己的思维，有利于其更好地服务于员工并完成自己的任务。

第2章 人力资源规划的原则与步骤

人力资源规划具有前瞻性和先导性的特点，做好人力资源规划工作有利于对人力资源与其他资源进行高效配置。它是具体的人力资源管理活动的起点和依据，对企业整体人力资源管理的效率有直接影响。

2.1 制定人力资源规划的原则

HR部门在制定人力资源规划时，需要遵循3项原则：以企业发展战略为导向，内容要具有全面性、科学性、实用性，以及使用合适的方法和技巧。

2.1.1 以企业发展战略为导向

制定人力资源规划需要以企业发展战略为导向，人力资源规划是企业发展战略的一部分，是建立在企业发展战略基础之上的，没有企业发展战略，人力资源规划也就没有依据，而科学合理的企业发展战略是正确进行人力资源规划的重要保障。

如何做到以企业发展战略为导向进行人力资源规划？首先需要根据对企业内外部环境的分析，确定企业发展战略。同时从人力资源规划的角度，对实现企业发展战略所需要的能力进行分析，再制定与其相适应的人力资源规划，来实现企业发展战略。

以企业发展战略为导向的人力资源规划，其作用在于支持自身及其他部门的工作，为企业的各项工作提供必要的资源。HR部门需要根据需求组织招聘、组织培训和完善各项管理制度。只有人力资源规划与企业发展战略相吻合，才会切实促进企业发展战略的达成。

在以企业发展战略为导向制定人力资源规划方面，微软（中国）研发集团就做出了良好示范。微软（中国）的发展是动态的，人员需求也难以预测，人力资源的配置十分复杂。因此，人力资源规划必须与企业发展战略结合起来，只有这样人力资源规划才能保证企业在既定的发展方向上顺利前进。

微软（中国）达成战略目标的关键因素有两个，分别是核心人才和创新，两者是实现微软（中国）战略目标的必要条件。

基于其企业发展战略，微软（中国）的人力资源规划方向是寻找优秀的员工并为其制定全方位的培训方案。微软（中国）十分重视招聘和人才的开发，开展了实习生计划，从众多院校中寻找出色的高素质人才进行培养，微软（中国）的员工中有很多是年轻人，他们勇于创新，不怕失败，十分具有活力。

结合微软（中国）企业战略发展的需要和对于各种人才的需求，其 HR 部门需要部署资源以配合公司战略的实施，为微软（中国）吸引更多的人才。

总之，制定人力资源规划首先要遵循的原则就是以企业发展战略为导向，只有以企业发展战略为导向，人力资源规划才能更好地发挥作用，为企业的发展提供正能量。

2.1.2　内容要具备全面性、科学性、实用性

人力资源规划是建立战略型人力资源管理体系的保障，HR 部门在制定人力资源规划时，除了要以企业发展战略为导向，还要在内容上做到全面、科学及实用。

首先，HR 部门需要对公司的总体发展战略和外部市场的情况进行全面分析，并在此基础上制定出更全面的人力资源规划。人力资源规划的所有内容都必须符合实际，这是关乎全局的关键性措施，具有非常重要的作用。

其次，人力资源规划的内容不是一成不变的，而是应该保持动态的变化。在执行过程中，HR 部门要重视员工的反馈，并根据反馈的情况对内容进行优

化和调整，这样才可以使人力资源规划更加科学，方便尽快落地，进而促进公司目标的实现。

最后，HR 部门在制定人力资源规划时，不能脱离费用预算。因为一旦超出费用预算，即使内容非常完美，也难以在公司大规模推行。另外，为了提升实用性，HR 部门还应该组织全员培训，以便让员工在最短的时间内理解人力资源规划的各项内容。

2.1.3 使用合适的方法和技巧

HR 部门在制定人力资源规划时，要使用合适的方法和技巧，在降低人力资源规划的难度的同时，使之更符合企业需要。

上海一家区域性奶茶连锁品牌，目前有连锁店 3 家，总经理孙胜泽想要在 12 个月内再开设 10 家新的奶茶店。

在进行人力资源规划时，孙胜泽将 HR 部门、市场部门、销售部门等部门召集在一起，商讨如何完成这一任务。对此，HR 人员张少强先给出了自己的思考。

1. 有没有强大的资金支持研发团队？是先建设成旗舰店，把奶茶的标准化体系建立起来，还是在这个店先储备一批员工，为分店培养人才？

2. 现有人力资源水平如何？目前的店面可容纳多少人？需要具备什么素质的员工？目前的员工中有没有可培养的？

经过一周时间的探讨，张少强给出了具体的解决方案。

1. 首先要分析当前的员工现状，要先确定公司在当前市场上的优势和劣势，对公司员工进行技能、资历、经验和报酬的全面盘点。

2. HR 部门必须确定统计出来的这些数据是否符合公司的发展战略，确定每个岗位的人员数量、职务变动和空缺数量等。

3. 对公司的需求进行预测，与企业高层和业务部门沟通，明确公司的战略规划和业务布局。确定是否需要招聘更多的员工来参与未来市场的竞争，员工现状是否可以接受，是否需要对员工进行重组。

在明确现状与需求后，张少强做了进一步分析，列出了具体的需求，先考虑对现有员工进行培训、轮岗能否满足企业需求，公司是否真的需要招聘，所有员工是否都发挥了他们目前的潜力。在尽量缩小公司的现有员工与需求之间的差距后，最终确定人员净需求。并制定完整的规划，包括人员供给、需求、招聘费用、培训费用、政策调整，对风险进行评估并提出解决方法。

2.2 制定人力资源规划的步骤

了解了人力资源规划的原则之后，HR 部门还应掌握人力资源规划的步骤，以保证人力资源规划工作的顺利进行。步骤为收集与分析相关信息、预测人力资源需求、对人力资源需求差异进行评估和正式制定人力资源规划。

2.2.1 收集与分析相关信息

HR 部门制定人力资源规划的第一步是了解企业当前的人力资源状况。这需要 HR 部门对相关信息进行收集与分析。这些信息主要包括以下几个方面，如图 2-1 所示。

图2-1　需要收集与分析的相关信息

1. 外部环境信息

企业的外部环境信息包括政治环境、经济环境、技术环境等方面的信息。

HR 部门在收集与分析外部环境信息时，首先要全面了解如人口结构、法律法规、技术发展等宏观层面的企业经营环境。其次还要收集和分析竞争环境的信息，对竞争对手给自己带来的威胁和影响进行鉴别。企业可能因为竞争对手加快了新产品推出的速度，同样需要加快新产品的研发速度、加大销售力度，并鼓励员工不断创新。

2. 内部环境信息

内部环境信息包括企业的研发、运营、销售等对企业绩效产生影响的方面的信息。涉及企业的战略规划、战术规划、部门计划、人力资源现状、资源分配、管理和客户服务等环节。此外，企业文化、组织结构等方面的信息也是企业内部环境信息的关键组成部分。

3. 现有人力资源信息

现有人力资源信息主要包括企业现有的人力资源数量、质量、结构及分布状况等信息。HR 部门要确定企业在当前劳动力市场上的优势和劣势，就要全面盘点企业每个员工的技能、资历、经验和报酬。

为了使人力资源规划更好地适应企业的现状及变化，在制定人力资源规划时，HR 部门就应该收集与分析相关信息，对可能出现的问题做出预测，制定好应对风险的策略。

2.2.2 预测人力资源需求

制定人力资源规划的第二步是预测人力资源需求，具体步骤如图 2-2 所示。

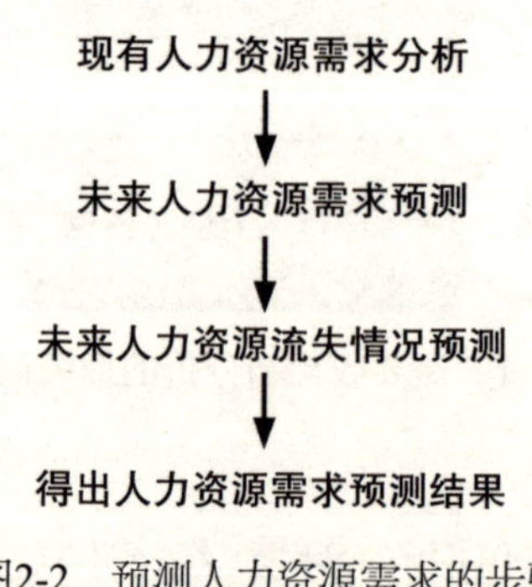

图2-2 预测人力资源需求的步骤

1. 现有人力资源需求分析

需要 HR 部门对企业目前的岗位人员进行分析，确定企业目前的编制、人员配置是否合理，盘点现有员工的胜任情况，确定部门人员实际情况。部门超编就需要明确淘汰多少，部门缺编就需要增加相应的人员配置。最终形成的报告就是现有人力资源需求分析。

2. 未来人力资源需求预测

HR 部门要明确企业的发展规划，从企业发展战略的高角度分解出各个部门的职能、目标，最终确定到人员，从而明确人员的变动。HR 部门从这些信息出发，来进行未来人力资源需求的预测。

3. 未来人力资源流失情况预测

即预测哪些人可能要离职。比如，有人要离开，有人要休产假等，这些人离职，企业就会出现岗位空缺，因此需要评估是否产生了招聘需求。

4. 得出人力资源需求预测结果

从而制定出企业短期和中长期的整体人力资源需求预测。

明确了预测人力资源需求的步骤后，再来看看人力资源需求预测的方法。人力资源需求预测分为短期预测和中长期预测。

1. 短期预测

短期预测常用的方法包括维持现状法和单元预测法。

维持现状法是一种定量分析的方法，假定目前的供给和人员组合适用于整个预测期。假设企业过去的管理人员与销售人员的比例为 1∶20，即 1 名管理人员管理 20 名销售人员，那么，如预测企业规模扩大，未来需要增加 100 名销售人员，就须相应增加 5 名管理人员。

单元预测法是一种“自下而上”的方法，要求管理人员预测下一预测期内其管辖范围内的人员需求，然后将各单位的预测结果加以汇总，并得出总需求。

2. 中长期预测

中长期预测常用的方法包括德尔菲法和多方案法。

德尔菲法是一种反馈匿名咨询法，其流程是针对预测的问题征得专家的意见后，进行整理与统计，然后匿名反馈给专家，再进行新一轮的意见征求与统计，直至获得一致意见。德尔菲法可对影响企业发展方向和人员需求的各种因素进行综合分析。

多方案法是对各种影响因素进行综合分析，以预测在每一特定环境下的人员需求的方法。例如，员工需求受经济环境、竞争对手变化和技术发展的影响，这三个因素的不同组合会形成不同的环境条件。多方案法可以预测每一环境下员工的需求，有利于企业根据不同环境下的需求来确定相应的措施。

通过对人力资源需求的预测，HR 部门能更好地制定人力资源规划，使其更符合企业实际情况。

2.2.3 对人力资源需求差异进行评估

人力资源需求差异是指在对员工未来需求与供给进行预测后形成的数据的基础上，对比分析企业人力资源需求的预测数与同期企业本身可供给的人力资源数量，从中找出人力资源目前存在的差距。

首先要对企业内人力资源的现状进行评估。明确企业内部人员特征，包括年龄、级别、技能、资历及经验等。HR 人员必须收集与记录有关人员的发展潜力、可晋升性、职业目标及培训项目等方面的信息。这些信息不仅可以用于人力资源规划，而且也可以用来确定人员的调动、培养和解雇。

HR 人员还必须考虑人员在企业内部的流动状况，有以下几种形式：晋升、调岗、离职、退休等。HR 人员要找到理想的人力资源配置和现状存在的差异，制定人力资源规划，就必须了解人员流动模式和变动率，包括离职率、调动率和升迁率。企业人员离职率是指某一段时间内离职人员占员工总数的比率，计算公式为：年内离职人员数 / 年内在职员工平均人数 ×100%。调动率和升迁率的计算方法与离职率相同。

确定了人员的供给与需求后，HR 人员应将两者进行对比，得出需求值与供给值之差。

2.2.4 正式制定人力资源规划

一份正式的人力资源规划应包括：规划的时间段、规划达到的目标、情景分析、具体内容、制定者及制定时间。

1. 规划的时间段

HR 人员应明确规划时间段的长短，具体列出从何时开始到何时结束。如果是中长期人力资源规划，时间段可长达 5 年以上；如果是短期人力资源规划，比如年度人力资源规划，可设置为 1 年。

2. 规划达到的目标

与组织目标紧密联系，最好通过具体的数据展现出来，同时要做到简明扼要、条理清晰。

3. 情景分析

包括目前和未来两种。目前情景分析的主要内容是在收集信息的基础上，对企业目前人力资源的供需状况进行分析，进一步指出制定该规划的依据。未来情景分析的主要内容是在收集信息的基础上，在规划的时间段内，对企业未来的人力资源供需状况进行预测，进一步指出制定该规划的依据。

4. 具体内容

这是人力资源规划的核心部分，主要包括以下几个方面：设计人力资源需求和人力资源配置的总框架、制定人力资源管理工作的方针和原则、明确人力资源投资预算等。

5. 制定者

制定者可以是一个人，也可以是一个部门。

6. 制定时间

是指该规划正式确定的日期。

HR 部门制定正式的人力资源规划，以上 6 点内容，缺一不可。

招聘篇

从需求到录用，每一项工作都重要

第 3 章
招聘需求：谨慎甄别，仔细分析

HR 人员的工作包含招聘这一模块，做好招聘首先要做好招聘需求的甄别，以判断招聘需求的真伪。

3.1 分析招聘需求的着手点

HR 人员招聘时首先要进行招聘需求分析，主要有 3 个着手点：职位本身职责、职位所属团队的特点及企业文化的要求。

3.1.1 职位本身职责

对于招聘需求的理解，本书主要从职位说明书的角度来阐述，并且用实例给大家呈现。

职位说明书通常用来说明公司希望未来的员工做什么、怎么做、在什么样的情况下履行职责。职位说明书通常使用 Excel 或 Word 来编写。我建议大家使用 Word，它方便编辑页眉页脚，以及添加联系方式、地址等比较细节的信息。内容上建议越具体越好，并且避免形式化、表面化。

在编写职位说明书时，要针对不同职位进行细致分类。比如，公司同样是招 Java 程序员，但前端的 Java 程序员、后端的 Java 程序员和底层的 Java 程序员的招聘需求是不一样的，职位说明书是需要不断修正和补充的。

通常来说，职位说明书会包括哪些方面的内容呢？如图 3-1 所示。

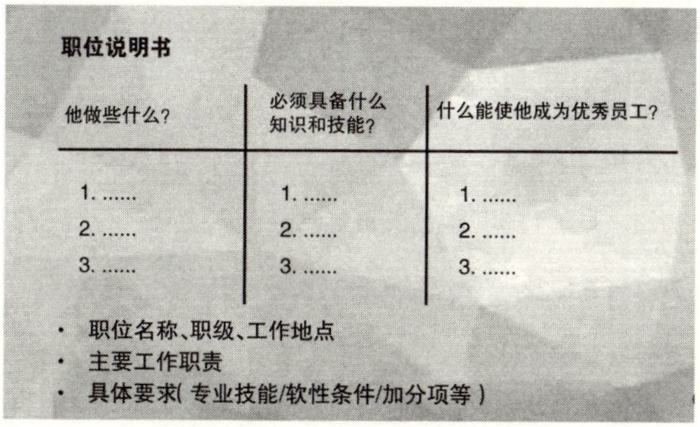

职位说明书

他做些什么？	必须具备什么知识和技能？	什么能使他成为优秀员工？
1.	1.	1. ......
2.	2.	2. ......
3.	3.	3. ......

- 职位名称、职级、工作地点
- 主要工作职责
- 具体要求（专业技能/软性条件/加分项等）

图3-1 职位说明书的内容

首先是他做些什么，按照顺序把应该做的事情列出来，尽量不要超过 7 条；其次是必须具备的知识和技能；最后是什么能使他成为优秀员工，也列出几项来。这就是我们招聘的依据了。

当然，职位名称、职级、工作地点等也需要我们在职位说明中体现出来的。

北京一家公司需要招聘一名供应链产品经理，下面是职位说明书。

主要工作职责

1. 负责供应链系统相关产品管理；

2. 从供应链角度出发考虑产品的合理性，确保产品与业务发展的匹配度；

3. 设计产品的功能特性和交互，以使产品符合用户需求；

4. 制作产品需求文档，以供设计、开发、测试人员明确产品需求和进行开发、测试；

5. 对业内各供应链模式及其产品进行深入分析，确保产品具有一定的领先性；

6. 能够与业务、物流等部门进行有效沟通，收集、理解用户需求。

工作能力要求

1. 本科及以上学历，计算机、物流或供应链相关专业毕业；

2. 有 3 ~ 5 年供应链领域工作经验，熟悉产品的研发和运营流程；

3. 熟知供应链的概念和模式，对供应链各环节有比较深入的认知；

4. 熟悉物流操作流程，对 JIT、3PL 等物流模式有一定认知；
5. 熟悉用户体验、交互设计，并能独立完成 PRD 文档；
6. 有产品推广经验者优先。

如何成为优秀员工

1. 专业知识扎实，行业经验丰富；
2. 产品功能及场景设计能力强；
3. 有较好的商业触觉；
4. 有较严谨的逻辑思维，精通多个业务场景下的操作；
5. 项目管理能力好，学习能力佳，有较强的前瞻性和较宽广的行业视野；
6. 注重用户体验，敢于创新，独立工作能力强，沟通表达能力佳。

我们看了上述内容发现，这一家公司的 HR 人员将职位说明书写得特别详细，能让求职者看明白此职位对专业能力的要求，便于提升招聘效率。

3.1.2 职位所属团队的特点

HR 人员在分析招聘需求时，经常会遇到同样的职位在不同的团队中存在较大差异的现象。是什么造成了这种差异？是职位所属团队本身的特点造成的。

北京有一家股票分析公司，业务团队成员年纪轻，冲劲足，能力强。工作开展起来大刀阔斧，整个团队的风格像赌徒，是典型的风险偏好型。虽然这个团队凭借自己的能力为公司挣了很多钱，但同样也提高了公司的经营风险。

该公司试图让现有的员工调整过来，但难度非常大，团队成员都不愿意。因此，为了改变团队的整体风格，这家公司决定招聘风险回避型的新成员，来中和整个团队。虽然这样的新成员在做业务时，可能会和原有的团队成员有意见冲突，但恰好能起到平衡作用，在一定程度上降低因这个团队自身的特点所带来的业务风险。

从这个案例中我们能看到，招聘新成员时，HR 人员要从职位所属团队特点出发。具体可从以下几个角度进行考虑，如图 3-2 所示。

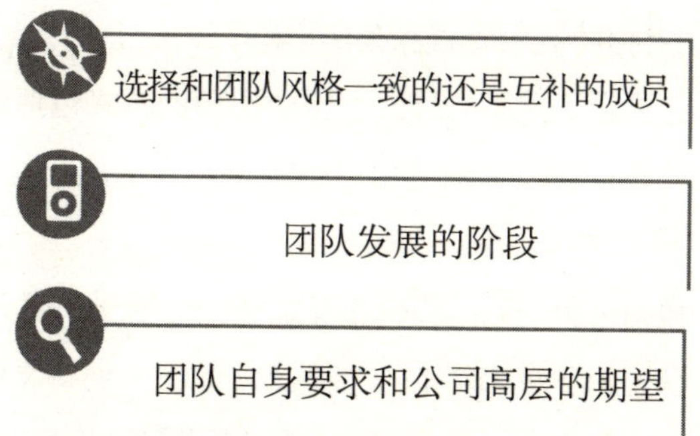

图3-2　HR人员根据职位所属团队特点进行招聘需求分析

1. 选择和团队风格一致的还是互补的成员

风格一致代表新成员的做事方法、考虑问题的角度及处理人际关系的习惯与团队相近，入职后能更快、更容易地融入团队，实现默契配合。而互补型风格的新成员相对更容易与团队发生冲突。在融合成一个非常好的团队之前，要不断地进行磨合。

因此，在分析招聘需求时，HR 人员要慎重考虑新成员与他要去的团队风格是一致的还是互补的，提前准备好可能会出现的问题的解决方案。

2. 团队发展的阶段

团队组建初期，需要创新力强、战斗力高的团队成员。这会为业务的开展提供强有力的保障。在团队的快速发展阶段，最重要的任务是完成团队转型，这时风格一致的新成员能较快地与原有成员融合，帮助团队顺利转型。

3. 团队自身要求和公司高层的期望

团队负责人通常希望招到的新成员能和现有的团队风格相近，但从公司或人力资源管理的角度来看，团队的这种希望可能不合理，公司更倾向于选择与现有团队风格互补的新成员。

在招聘过程中，HR 人员一定要慎重分析职位所属团队的特点，平衡各方的需求和期望。

3.1.3　企业文化的要求

HR 人员在分析招聘需求时，需要考虑企业文化的要求，企业文化影响了招聘需求，同时招聘需求也反映了企业文化，并对企业文化造成了反向影响。

1. 企业文化对招聘需求有着深刻的影响

（1）企业文化决定了招聘的方式。企业招聘的方式包括内部招聘和外部招聘，二者互为补充，在二者的使用中也存在一个主次问题，这就依据企业文化而定。

一般而言，强调创新的企业以外部招聘为主，企业外部环境变化非常迅速，外部招聘可以为企业带来新的思维方式，促使其创新发展；而强调稳步发展的企业以内部招聘为主，这样的企业外部环境相对稳定，企业追求平稳的发展，内部招聘可以使企业更加稳定。

（2）企业文化决定了招聘对象的类型。企业需要的人才类型部分取决于企业文化，如对互联网企业来说，更喜欢有技术、善于学习和创新的人才，而对于餐饮业企业来说，则更要求招聘对象细致、严谨、富有责任心。

（3）企业文化也决定了招聘策略。企业进行招聘前要制定招聘策略，包括确定招聘人数、类型、途径等，不同文化的企业，其招聘策略也不同。

2. 招聘反映了企业文化，并对企业文化造成了反向影响

（1）招聘是宣传企业文化的有效手段。招聘过程中的宣讲可让潜在员工了解企业文化，在招聘的同时也达到了宣传企业文化的目的。

（2）招聘是执行企业文化的重要手段。招聘和企业文化的关系十分密切，企业可以通过招聘建设自己独特的企业文化。

（3）招聘可以促进企业文化的更新。企业文化需要随着企业的发展而发展，以适应环境的变化，而招聘到的人才的新的理念和思想能够促进企业文化的更新。

由此可见，招聘与企业文化密切相关，企业文化决定了企业招聘的方式、招聘对象的类型和招聘策略，同时企业招聘反映了企业文化，并对企业文化造成了反向影响，是宣传与执行企业文化、促进企业文化更新的有效手段。因此，招聘需求必须与企业文化的需求相吻合，才会更好地推动企业文化的发展。

3.2　甄别招聘需求的要素

当企业的业务部门提出招聘需求时，HR 人员要做的是借助实际数据支撑与部门探讨人员配置，甄别招聘需求，确定部门的招聘需求是否合理。

3.2.1　招聘需求背后的诉求

很多时候业务部门认为只有招聘才能有效解决问题，然而其背后的诉求却被忽视了，因此，HR 人员在面对业务部门的招聘需求时，所做的第一件工作应该是去探究业务部门提出的招聘需求背后的诉求。

林航是一位 PHP 开发工程师，前不久刚从上海一家知名大企业离职，最近接到了北京一家医药科技公司的面试通知，在大致了解了这家公司的基本情况之后，林航觉得这家公司值得考虑，便在约定好的面试时间赶到了北京。

HR 人员先对林航进行了面对面的考查，觉得他十分符合公司和网络部的要求，就将其带到了网络部主管的办公室，准备进行第二轮专业面试。

然而网络部主管觉得很意外，表示他并不知道自己所在部门现在需要招聘新人，是 HR 人员记错了时间。最后，林航没有留在这家公司，HR 人员也被总经理批评。HR 人员觉得自己十分委屈，因为招聘需求的确是网络部主管提出的，但是在两周前。

可能很多 HR 人员都遇到过案例中的这种情况，好不容易找到一个符合部门要求的人才，最后部门因为招聘周期问题拒绝了，或者好不容易招到了，对薪酬标准不能达成统一意见，因而候选人拒绝了公司的录用，HR 人员只能重新再来。最终领导批评 HR 人员，部门主管怪 HR 人员不配合，HR 人员也觉得自己很委屈。

面对这些情况，HR 人员应该怎么做？那就是要明确招聘需求背后的诉求，不能业务部门说有需求，HR 人员就招聘，做好招聘需求分析是当务之急。

HR 人员要先与业务部门的负责人、小组成员及流程相关人员进行深入沟通，挖掘招聘需求背后的诉求，确保需求来自实际业务场景。因为有些时候，业务部门真的不知道为什么要招聘，但还是要根据企业的编制把人招满，这样有可能造成招聘来的新员工特质与职位要求不符的情况。

如果是针对新业务进行招聘，那么招聘需求是否与企业既定业务战略和人力资源配置一致，增加岗位成本是否需要报批，需求提出人是否有做出用人决策的权限；如果是现有岗位人员无法胜任，那么是否需要培训和激励，是否需要转岗或辞退；如果是离职替补，重新替补的职位要求有没有新变化；如果招聘周期过长，职位要求是否有新变化……这些都是需要考虑的。

只有根据以上问题考虑清楚招聘需求背后的诉求，HR 人员的招聘工作才不会是无用功。

3.2.2 招聘需求的重要程度

HR 人员对招聘需求背后的诉求进行分析后，基本就可以发现为什么业务部门的负责人有招聘需求了，接下来 HR 人员要对需求的重要程度进行分析。

王颖是北京一家公司的 HR 部门招聘主管，近期她一直在为技术部招一名项目经理，已经面试了 20 个人，她个人觉得其中有 3 名候选人符合录用条件，但技术部主管就是觉得不满意，要求她在一周内招到。这时公司总经理又要求她在一周内招聘一位市场部副主管，为半个月后的销售季做准备。王颖觉得忙不过来，难以按时完成任务。

面对这样的情况，王颖觉得很为难，同时也很不解，明明自己是按照技术部的录用条件来筛选求职者的，为什么就是不合适？

因此，王颖决定与技术部主管深入沟通一番，她先是核查了技术部目前的人员情况及工作任务，然后问询技术部主管为什么要招聘，新员工到岗后负责什么工作，而后王颖根据技术部主管的要求，决定将技术部的招聘需求暂缓，先完成总经理的要求。

技术部主管不同意，王颖向他分析了技术部的现状，既没有岗位空缺，也没有紧急的业务需要，技术部招聘需求的产生只是因为现有员工工作态度出现问题，内部搞小团体，技术部主管认为需要招聘新鲜血液进行刺激，改变这种现状，而总经理提出招聘需求是在为半个月后的工作做准备，二者相比，总经理的需求更为重要一些。

王颖建议技术部主管先调查内部人际关系，找到员工搞小团体的原因并解决，如果两周内解决不了，再招聘新人。

通过对招聘需求重要程度的分析，王颖解决了这次招聘冲突，完美完成了招聘要求。

HR 人员在确定招聘需求背后的诉求后，需要分析招聘需求的重要程度，即这次招聘是否影响业务推进。如果这次招聘在现阶段并不是特别重要，那么可以延缓招聘，先用别的办法解决问题，如果解决不了，再考虑招聘。HR 人员与业务部门都要明确企业的发展不是人越多效率越高，要充分发挥现有人力资源的价值。

3.2.3　招聘需求产生的背景

HR 人员除了要考虑招聘需求背后的诉求和招聘需求的重要程度，还要考虑招聘需求产生的背景，即明确招聘要解决的问题产生的背景是什么。可能的背景主要有 4 个，如图 3-3 所示。

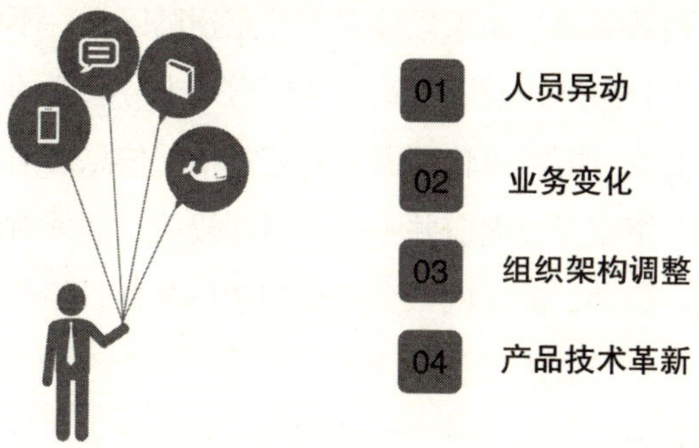

图3-3　招聘需求产生的背景

人员异动包括员工离职、调动、晋升、降免等；业务变化包括开展新项目、业务扩张、业务梳理分工等；组织架构调整包括新建、拆分、合并部门或业务团队，部门或业务团队内出现组织调整等；产品技术革新包括硬性产品技术革新与软性产品技术革新，其中硬性产品技术革新又包括研发、技术和质量管理的优化等，软性产品技术革新包括人力资源和财务管理的优化等。

HR人员只有明确问题产生的背景，才能更合理地分析问题，找到解决思路，进而甄别招聘需求的真伪。

上个小节中技术部因为人际关系问题与员工工作态度问题产生的招聘需求并不是真实的需求，而总经理的招聘需求来自公司的业务变化，公司即将进入销售季，需要一名市场部副主管加入属于真实的需求。

HR人员需要从全面的视角看待招聘需求，分析其产生的背景，避免被业务部门的逻辑影响判断。

3.2.4 在解决招聘需求的过程中会遇到的困难

HR人员在解决招聘需求的过程中会遇到什么样的困难？该如何解决这些困难？

在招聘过程中，HR人员可能会遇到招聘投入成本高、招聘周期长的困难；在招聘过后还面临着对招聘人员进行培训、管理的困难；即使在培训结束后，也面临着新员工离职率高、还需重新招聘的困难。

那么，HR人员该如何解决这些困难？

首先，要拓宽招聘渠道。如果只局限于几家招聘网站，不仅面对的求职者有限，竞争也会十分激烈，所以拓宽招聘渠道是十分必要的。

对于HR人员来说，拓宽招聘渠道需要拓宽招聘信息在网站上的投放渠道，同时需要注意，拓宽投放渠道并不是盲目地投放，还须对网站类型和招聘需求做精准匹配。另外，除在网站上投放招聘信息外，组织QQ群、建立微信公众号等也是十分有效的招聘手段。

其次，在对招聘来的新员工进行培训时，一定要建立严格、有效的培训方案，在培训过程中加强和新员工的沟通，重视并合理解决其反馈的问题。同时在培训过程中加强对企业文化的培训，让新员工充分了解企业文化，增强对企业的认同感，培养对企业的忠诚度。

最后，针对较高的人员流动率，除了在培训过程中加强企业文化培训，对于企业文化的宣传也要落实到招聘过程中。在招聘过程中，HR人员不仅要对招聘标准严格执行，根据招聘标准招聘，还要了解求职者对于企业文化的认同程度，只有两个方面同时满足要求，才是企业真正需要的人才。

总之，在解决困难时，HR 人员需要精准拓宽招聘渠道，使用多种招聘方法，需要在招聘过程中严格把关，同时加强对新员工的培训和对企业文化认同度的培养，培养员工对企业的忠诚度。

3.3 分析招聘需求的步骤

无论是在大企业还是小企业，分析招聘需求都是一项必须做的技术性非常强的核心工作，本节将介绍分析招聘需求的具体操作步骤。

3.3.1 收集各部门招聘需求

分析招聘需求的第一步是收集各部门的招聘需求。

梅锋是上海一家公司的 HR 总监，公司业务部门的领导要求他在 3 月、4 月两个月内完成招聘计划，但总是不断地提新的招聘需求，埋怨招聘到的人不合适，影响他们的工作。梅锋摆事实、讲道理，还是没有解决业务部门领导的抱怨和需求。

梅锋为解决问题，进行了一番调查，发现了问题所在：首先，公司领导从来不做人员规划，基本上想到什么就做什么，觉得人少就要招人；其次，HR 部门也没有凭借自己的专业性帮助业务部门做人员规划；最后，HR 部门没有自己的准则，经常被业务部门牵着鼻子走。

HR 人员不应只是被动的信息接收者，他更重要的角色是收集各部门的招聘需求，并确认需求的合理性及必要性。

那么，HR 人员应该如何收集各部门的招聘需求？这需要 HR 人员必须懂业务，同时加强与业务部门的沟通。

首先，HR 人员必须懂业务，根据业务部门的业务规划来制定策略，即了解业务部门的发展目标、现在的定位及差距、如何完成业务目标等，根据业务规划形成策略。

其次，HR 人员要加强和业务部门的沟通，理解和把握业务部门的需求，对于招聘岗位的技能要求、工作经验要求等问题，HR 人员要与业务部门进行确认，以保证招聘内容与业务部门需求精准匹配。

总之，HR 人员在收集各部门招聘需求时，要了解业务部门的发展目标，精确把握业务部门的需求，这样才能为下一步的工作打下良好的基础。

3.3.2 整理招聘岗位信息

分析招聘需求的第二步是整理招聘岗位信息。

梅锋在收集了各部门的招聘需求之后，要求各业务部门主管提供一份招聘岗位的职位描述与任职要求。他本以为经过上一环节的沟通，各部门主管能明确招聘岗位信息，但实际上并非如此，一些部门主管尽管写的内容没错，但只强调了工作技能要求和经验要求等，几乎没有考虑求职者的各种需求。这样的招聘信息发布出去，依旧很难吸引到业务部门真正需要的人才。

因此，梅锋自行整理提炼了招聘岗位信息，主要包括四个方面，如图 3-4 所示。

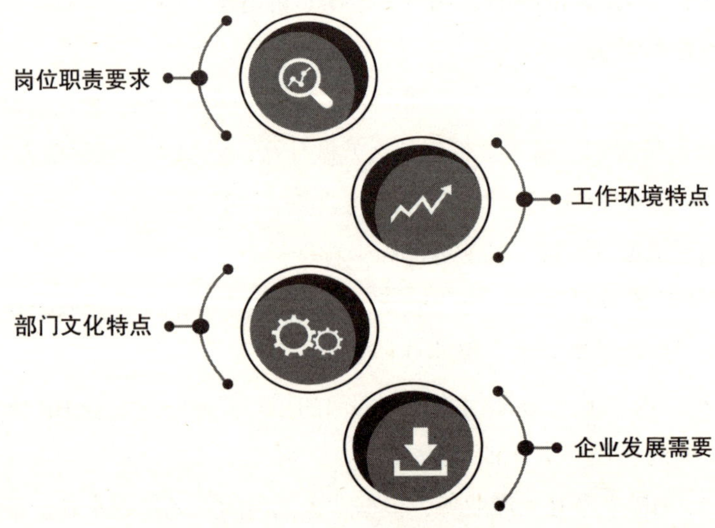

图3-4 招聘岗位信息的内容

如图 3-4 所示，完整的招聘岗位信息，需要反映岗位职责要求、工作环境特点、部门文化特点和企业发展需要。而其中，工作环境特点和部门文化特点是吸引求职者的关键因素。招聘信息除明确岗位职责外，还可向求职者透露岗位的提升空间、公司的福利待遇和企业的文化价值观等吸引求职者，因此梅锋又重新整理了岗位信息，打破了千篇一律的模板式招聘内容，增添了企业的特性，以下是内容节选：

公司上班时间和福利待遇

1. 工作时间：工作时间为周一至周五（上午 9:00—下午 18:00），每周双休，法定节假日正常休息，春节假期在原有的 7 天基础上延长 6 ~ 8 天，春节连休 13 ~ 15 天。

2. 五险一金齐全。

3. 节日礼品：春节、中秋、端午、国庆等重大节日，公司向全体员工发放礼金和礼品。

4. 新婚贺礼：公司为所有在职期间举行婚礼的员工发放新婚贺礼。

5. 带薪年假：工作满一年享受 5 ~ 10 天带薪年假，工作每多一年，年假时间增加一天。

6. 员工生日：公司在员工生日当日举行庆祝活动。

7. 公司旅游：每年公司组织全体员工旅游一次。

8. 公司团建：团建活动丰富，包括唱歌、爬山、烧烤、游泳、泡温泉等。

9. “六一”亲子假：已有 12 岁以下子女的员工可享受“六一”亲子假。

10. 带薪培训：员工享受公司内部和外派学习机会。

11. 公司地点与环境：近地铁站，有中央空调，环境舒适。

公司理念

家人般的温暖，人性化弹性管理制度，充满挑战的工作内容，多劳多得的薪酬待遇，欢迎你的加入。

梅锋对招聘内容进行了修改，特别强调了福利待遇的部分，区别于那些千篇一律的同行业招聘内容，信息发布后，求职者的数量也明显上升。

3.3.3 明确招聘要素

分析招聘需求的第三步是明确招聘要素。

通过 HR 人员对招聘岗位信息的整理，可以形成各部门的招聘需求，在正式招聘之前，HR 人员还要对招聘需求进行分析，明确招聘要素。

首先是对于招聘指标的明确，包括人均招聘成本和岗位满足率。

人均招聘成本 = 招聘广告费用 / 招聘的员工数。

岗位满足率 = 岗位到岗人数 / 岗位空缺人数。

其次是明确招聘岗位的工作职责和任职要求。如果招聘岗位是人员流动导致的空缺，明确招聘要素可参考职位说明书；如果是新开设的岗位，需要根据工作职责和要求拟定职位说明书。

岗位的上级主管负责拟定职位说明书，同时 HR 人员需要说明拟定标准。职位说明书要明确岗位名称、汇报关系、工作职责、任职要求、定薪范围等。招聘之前详细的岗位分析是必不可少的。

职位说明书的要求是任职基本要求，在实际操作中，还需要考虑业务部门的发展阶段和人员的搭配。例如，开辟新业务的部门更重视业务开拓能力，而业务发展成熟的部门更重视综合管理能力。

新员工与现有员工之间的匹配也是需要考虑的问题。一方面要考虑员工间性格的搭配，如现有员工都比较内敛，新员工可能需要外向一些以便沟通；另一方面要考虑企业人才梯队的问题，对企业来说，员工的工作能力和经验要形成梯队，以便于企业的管理和长远发展。

因此 HR 人员在分析招聘需求时，要根据业务部门的需求和企业的发展现状来明确招聘要素。只有在考虑到各方面的综合因素之后，才能做出最精准的招聘需求分析。

第 4 章
招聘基础：渠道 + 信息 + 简历

HR 人员掌握了甄别招聘需求的方法后，接下来就要了解招聘的基础，包括三方面：招聘渠道、招聘信息和简历。

4.1　招聘渠道的分类

首先是招聘渠道，这是招聘工作的重中之重，影响着招聘工作的成功率和有效性。

4.1.1　网络招聘：信息量大，时间长

如今，网络招聘已成为招聘的重要渠道。

网络招聘作为许多企业使用的主流招聘手段，具有十分明显的优势，其优势主要表现在以下几个方面。

1. 打破了时间限制，受众多，覆盖面广。网络平台具有庞大的用户群，信息共享将进一步扩大招聘信息的覆盖面和影响力。

2. 实现了 HR 人员与求职者的信息共享与互动。网络招聘平台为 HR 人员与求职者的沟通提供了便利，可通过双方的良性互动，帮助双方做出更合理的选择。

3. 节约了成本。网络招聘的方式十分方便，节省了差旅费、广告费等费用。

同时，网络招聘也存在弊端。

1. 由于技术受限，网络招聘平台无法甄别每一条信息的真伪，因此HR人员难以保证求职者信息的真实性。

2. 信息反馈时间长。针对一个岗位，HR人员可能会收到众多的、纷繁复杂的求职信息，HR人员不得不花费大量时间来进行筛选，拉长了反馈周期。

那么，对于网络招聘的弊端，HR人员该如何应对？为了确保信息的可靠性和求职者的专业性，不同需求的HR人员应选择不同的网络招聘渠道发布招聘信息。常见的招聘网站如表4-1所示。

表4-1 常见的招聘网站

序号	名称	网址	网站特征
1	中华英才网	www.chinahr.com	三大经典招聘网站之一
2	智联招聘	www.zhaopin.com	三大经典招聘网站之一
3	前程无忧	www.51job.com	三大经典招聘网站之一
4	大街网	www.dajie.com	校园招聘
5	一览英才网	www.job1001.com	面向专业人才
6	数字英才网	www.01hr.com	面向专业人才
7	中国人才热线	www.cjol.com	综合性专业招聘网站
8	应届生	www.yingjiesheng.com	大学生求职网站
9	应届毕业生	www.yjbys.com	大学生求职网站
10	58同城	www.58.com	面向中低端人才
11	Boss直聘	www.zhipin.com	综合性专业招聘网站
12	赶集网	www.ganji.com	面向中低端人才
13	猎聘网	www.liepin.com	面向高端人才
14	举贤网	www.juxian.com	面向高端人才
15	拉勾网	www.lagou.com	专注互联网

由表4-1可知，不同的招聘网站有不同的侧重点，如大街网是针对校园招聘的，猎聘网面向的主要是高端人才等。HR人员在选择网络招聘渠道时，一定要根据自己的需求确定网络招聘渠道的类型，招聘需求与网络招聘渠道的精准匹配可为HR人员提供更多有效的求职信息，可缩短招聘周期。同时，选择专业的网络招聘渠道更有助于保证求职信息的真实性。

4.1.2　现场招聘：校园招聘＋人才市场招聘

现场招聘主要包括校园招聘和人才市场招聘两种途径。

校园招聘的优势是多方面的。首先，校园招聘的求职者专业性强，专业人才与招聘需求匹配度高；其次，时间比较集中，校园招聘集中在每年的 9~11 月，可在短时间内为企业提供大量人才；最后，校园招聘的求职者可塑性强，易于接受企业文化，融入的阻力相对较小。

同时校园招聘也存在其缺陷。首先，去各地校园招聘需要支出额外的差旅费，增加了招聘成本；其次，针对校园招聘录取的新员工的培训也需要花费较长的时间，需要投入较多的人力、财力成本。

人才市场招聘的优势在于 HR 人员可以和求职者面对面交流，双方可对各自关心的问题进行较为深入的交流，效率比较高。另外也省去了初试环节，后续可以直接邀请与招聘需求匹配度高的求职者来公司进行复试。

人才市场招聘的缺陷在于招聘效果取决于在招聘的淡季还是旺季、企业的宣传力度和影响力等，因此求职者的数量、质量难以保证。

总之，以校园招聘和人才市场招聘为主的现场招聘，其优势主要表现为与众多求职者面对面的交流有利于提高效率，校园招聘也保证了求职者的专业性。其劣势在于出行和培训的成本提高，并且现场招聘效果受时间、招聘宣传、企业影响力等多方面因素的影响。

如何做好现场招聘？这需要 HR 人员对所在的行业、地区、企业的综合实力等有准确的定位，有目标地锁定学校、专业和人才市场，使招聘工作更有针对性，减少资源的不必要浪费。

4.1.3　内部招聘：磨合期短，节约成本

企业的某一个职位出现空缺，HR 人员通过企业内部员工的推荐来选择合适的候选人填补这个位置，这种招聘方式就是内部招聘，也叫内推。

“没有成功做过内部招聘的 HR 人员不是好 HR 人员。”内部招聘相对于其他招聘渠道来说，性价比最高，甚至在顶尖互联网公司有近 50% 的人力

资源都是通过内部招聘获得的。有数据显示，腾讯内部招聘比例占到了 50% 左右，蚂蚁金服也是差不多的比例。我在新浪刚入职的时候，内部招聘比例占所有招聘的比例是 30%，入职两个月后，内部招聘比例被我强力提升到了 40% 以上，其中最高的一个月是 50%，这之后就稳定在 40% 左右，为公司节省了数百万元的招聘费用。

简言之，内部招聘更省时省力，效率高且见效快。

内部招聘是短期内提升招聘质量的有效途径，但仍然有很多企业内部招聘比例很低，原因是不太了解如何通过内部招聘来提升招聘质量。那么，快速提升内部招聘质量，有哪些道与术可以借鉴？

下面就是内部招聘的系统化思路。

在企业中，尤其是大型企业中，内部会有专门负责招聘运营的 HR 人员，他们的主要工作是线上推广和线下活动。这两项工作是推动内部招聘正常运行的重要动力。

1. 内部招聘的线上推广战略

利用线上来做内部招聘的推广是被广泛应用的，例如，通过 H5/JS、内部电邮、内部 OA 系统、内部招聘系统、社交新媒体等来推广。

2. 内部招聘的线下活动开展

重点内部招聘岗位的梳理，梳理之后，我们会以海报的方式贴在企业最显眼的地方，让每个员工都能看见。或者在企业的一些大型会议上开展公开嘉奖伯乐活动，奖励部门员工内部推荐。

内部招聘的优势在于可有效地调动员工积极性，激励员工积极进取。内部招聘机制为员工提供了良好的成长空间，并能促进企业的发展。同时内部招聘也存在其局限性，比如容易形成派别，对企业管理、组织结构调整等造成阻碍。

因此，HR 人员在进行内部招聘时，必须公平、公正、公开，同时需要有相应的培训和内部招聘奖励制度。

4.1.4　猎头招聘：网罗高素质人才

企业中高端职位的人员很多是通过猎头公司来获取的，与猎头公司的合作也是 HR 人员的日常工作之一。那么如何选择合作的猎头呢？如何与他们展开更为高效的合作呢？

北京一家公司 HR 部门的王经理希望为公司尽快招募一名市场部经理，由于对于招聘人员的素质要求较高，招聘者决定选择猎头公司协助招募人才。由于猎头公司的费用较高，王经理看到不少猎头公司都打着“上岗后再付费”的广告，觉得选择这样的猎头公司风险较小，就与其中一家展开了合作。

但是实际上，这些不需要预付定金的猎头公司本身就不是正规公司，或是将这些没有支付定金的客户作为 B 类客户，有较好的人才资源也不会率先分配给这些公司。不仅如此，王经理在与猎头就成交价格进行的谈判上也犯了错误。按照猎头的行业标准，猎头应收取成功被聘用者年薪 1/3 的费用，上下浮动不会太大，但是王经理在谈判过程中直接将价格砍到一半，对猎头的职业水平也没有进行考察，这些都为后来的招聘埋下了隐患。

最后猎头为该公司招聘的人才在工作了一段时间后，由于业务水平不达标，被公司辞退，而王经理在对猎头公司的选择上和与之进行的谈判中看似节省了经费，实则因招聘的人员不能胜任职位，反而增加了用人和招聘成本。

因此招聘者要选择专业且行业对口的猎头公司，以保证其对招聘职位比较了解。此外，还应选择从事猎头业务三年以上、有过较多成功案例的猎头从事猎聘工作。以下是一些口碑较好的猎头公司，如表 4-2 所示。

表4-2　业界猎头公司推荐

猎头公司	服务特色	网址
猎聘网	国内最大、最专业的高端人才社区化招聘网站，凭借其创新的产品模型及独有的服务模式，为企业、猎头和职场精英打造了一个高端人才的互动招聘平台（服务面向全国）	www.liepin.com

续表

猎头公司	服务特色	网址
神州伯乐	业内领先的招聘解决方案提供商，业界招聘领域的新锐，主要专注金融、房地产和IT领域，可提供人才测评和RPO等服务	www.bole-china.cn
科锐国际	成立于1996年，是亚洲领先的整体招聘解决方案提供商，目前在亚洲有40家分支机构，专注企业中高级管理及专业技术人才招聘	www.careerintlinc.com
艾理特	创新采用职业经理人服务模式，人才储备量大，推荐精准度高，已成为近几年猎头行业新兴的、倍受企业关注的人才供应商	www.51-elite.com
锐仕方达	2008年成立，主要专注IT、地产、金融、制药、能源、传媒、百货等热门行业	www.risfond.com

招聘者可通过猎头公司的网站对猎头公司进行基本了解，也可预约有意向的猎头公司负责人进行面谈，深入了解情况，提高猎聘效率。

4.1.5 人脉招聘：人脉圈的可靠推荐

如今的企业不缺简历，缺少的是精准匹配的人才。因此要高效率、低成本获取合适的求职者信息，我们不能仅仅依赖于外部招聘，还要通过可靠的人脉关系，来定位最合适的职位人选。

光谷软件园某家科技企业的 HR 人员张女士就说，她看到当下年轻群体通过微信朋友圈等方式求助熟人找工作，便将招聘信息发布到微信朋友圈中，并迅速引起转发，成功招聘到多位实习生。

通过这种简单轻松的模式，张女士在毫不费力的情况下便有了初步的候选人判断，相比以往的招聘方式，这次的招聘大大提升了他们的审查效率。

HR 人员需要重视人脉资源创造的价值。我将可利用的人脉关系归结为 5 类，接下来为大家介绍这 5 类资源。

1. 同事

他们可以在自己身边的好友中合理筛选可用人才，为 HR 人员提供最佳人选，减少了 HR 人员从海量陌生简历中从零起步的烦琐工作。

2. 业务伙伴

他们是 HR 人员的第二类人脉选择。他们对业务领域非常熟悉，所拥有的人才资源较网络更真实、更有优势。因此，HR 人员在企业人员紧缺时联系这些业务伙伴，请他们帮忙推荐，可以获得更为出色、契合度更高的人才资源。

3. 同行

通过不同领域的同行，HR 人员可以拓宽自身视野，并获得更新的思路与更丰富的信息。

4. 同学

工作在各行各业的同学，身边不缺乏涉及各种行业的社交圈，通过同学介绍资源，既减少了沟通成本，也可获取合适人才。

5. 求职者

在招聘时，我们能从求职者那里得到不少人才信息，如毕业生群体主要倾向于从哪里找工作，求职者在进行职位应聘时是通过什么渠道得知企业招聘信息的，学校春招、冬招的时间安排等。面对有资质的求职者，HR 人员进行招聘也会互加微信，这种有固定专业领域的人才有更多的人才信息，在很大程度上可以帮助 HR 人员解决人才问题。

4.1.6　社交新媒体招聘：借助社交平台的力量

招聘渠道里网络渠道和内部招聘渠道的使用几乎占据大型互联网企业社会招聘的 70% ~ 80%，但我们仍然不能忽略其他渠道，比如社交新媒体渠道。社交新媒体渠道发展得非常迅猛，有些公司对此的使用能达到甚至超过社招渠道的 5%，而且还呈上升趋势。其中，对于中高端人才的招聘，社交新媒体渠道的使用占比可能超过了 10%，因此它对 HR 人员的重要性越来越明显。

对于招聘来说，社交新媒体渠道有哪些优势呢？

1. 公开信息方面

包括个人信息（籍贯、兴趣爱好等）、个人背景（工作经历、职业规划、综合能力等）、他人评价等。脉脉在他人评价这方面做得比较好。比如，有好友想要成为你的微信好友，如果你的好友给他做过评价，就会显示出好友对他的评价信息，这样可以帮助你决定是否跟他成为朋友。

2. 人脉信息方面

在人脉信息方面，社交新媒体也有很多其他渠道没有的优势，比如，社交新媒体除了展示个人的简历，还可以展示更多个性化的信息，如视频链接、他人评价、兴趣爱好、关注的群等。社交新媒体会把个人信息和其他的信息连接起来，构成一个很大的社交网，而不像一些网络渠道，里面更多是标准化的简历模板，缺乏其他更加有温度、有态度的信息。我认为，社交新媒体在这方面的优势是比较明显的。

Linkedin 是较为集中的中高端人才流量池，用户以在外企和大互联网公司工作的人为主。有数据显示，IT 行业的用户达到了六七十万人，其中从事 HR 工作的用户达到了大概 16 万人，金融行业也差不多有十万人左右。Linkedin 对于 HR 人员开展人脉搜寻并进行招聘来说十分有利。

4.1.7 产学研合作：招揽新技术员工

一种新的人才录用模式正在如火如荼地发展，这就是政府出面搭桥的产学研合作。它不仅打通了企业同高校的合作通道，帮助企业降低了招聘成本与改革创新的成本，还为人才创造了发展平台，帮助高校拓展了实践条件。

产学研合作的发展不仅是企业发展中的亮点，而且在实用型人才培养上与社会价值创造上均具有不可忽略的优势。那当下学校与企业在建立产学研合作时的基本模式有哪些呢？

1. 委托合作模式

企业与高校签订委托协议，委派高校进行产品研发、科技成果转让，并提供技术服务、提供专业技能培训等。这种模式下产品的研发地点较为自由，被委托人会选择高科技人才一同加入产品研发队伍，帮助企业解决困难，提高科研创新能力。

2. 校企合作模式

这种模式下企业资金入股，高校技术入股，以组成的一个经济实体，这种模式使得高科技人才贯穿在企业运营的各个环节，有利于确保整体效益的提升。企业方可以通过政府、网站等渠道联系与自身发展方向相符的高校，表 4-3 为某省 2018 年校企合作企业收益名单。

表4-3　某省2018年校企合作企业收益名单

排序	企业名称	合同数（项）	成交总额（万元）
1	A企业	32	642.56
2	B企业	24	432.24
3	C企业	26	736.25
4	D企业	21	469.35
5	E企业	15	243.68
6	F企业	6	72.48
7	G企业	18	374.52
8	H企业	4	756.42
9	I企业	10	232.56

如何引导校园输送的高科技人才走向工作岗位，是当下校企合作关心的主要问题。员工进入企业一线岗位后，需要有专业导师一同深入第一线，与其进行专业知识与实践的联动。同时企业需要设置有梯度的实践环节来帮助人才适应企业环境，早日进入工作状态，这不仅能使人才培养质量稳定上升，也能在较短时间内为企业输出巨大利润。

4.2　招聘信息的撰写

HR 人员找到适合企业的招聘渠道后，需要撰写在招聘渠道中发布的招聘信息，本节将介绍具体的撰写方法。

4.2.1　企业简介：图片化+数字化+突出重点

企业简介是面向外界的脸面，一般求职者在进行企业筛选时，一定会详细阅读企业简介的内容，以获取自己需要的信息。那 HR 人员如何打造一篇吸引眼球的企业简介呢？我们应该重视内容的多元化，通过图片化、数字化、突出重点的方式展现企业的真诚与实力，为赢得人才做好准备。以下是北京某传媒公司网站上公司形象和承办展会的成果展示，如图 4-1、图 4-2 所示。

图4-1 公司形象展示

2018年某视频网站效果推广游戏行业答谢宴会

第十六届中国国际数码互动娱乐展览会某视频网站展位

某酒业集团VIP鉴赏会

图4-2 公司承办展会的成果展示

由此可见，通过公司网站上公司形象的展示和公司承办展会的成果展示，能让求职者对公司的大体情况有一个基本的了解。大中型企业的 HR 人员在图片选择上要突出企业文化、人文关怀、环境优势、技术优势等内容。中小型企业的 HR 人员在图片选择上需要注意突出企业文化、福利及员工工作状态。例如，可以放置团队郊游照、节日福利图、员工工作状态图等。

只有科学的数据才能体现企业的真实实力，因此 HR 人员在企业简介撰写过程中要注意突出数字化的表达。科学的、数字化的企业简介能够突显公司的真实实力，越清晰的公司概况越能激发求职者对企业的兴趣，并说服求职者建立初步信心。

求职者挑选企业时十分在意企业有什么优势。企业要重点突出自己的优势，展现企业的发展潜力，对于大中型企业来说，品牌的力量足以证明企业价值，因此可以将成果展示作为要突出的重点。

一篇简介就能看出企业对人才的重视程度，HR 人员在撰写企业简介时要秉承着真实、真诚、互利的原则，丰富简介内容、全方位表现自己的优势，为求职者提供更加立体、生动、真实的信息，以此唤起求职者的信赖和尝试意愿。

4.2.2　岗位描述：日常事务+任务量

求职者在选择工作时都会选择自己擅长的领域，为了避免双方浪费精力，HR 人员需要在撰写岗位描述时结合岗位的实际要求做详细介绍，详细介绍的内容包括以下方面。

1. 日常事务

求职者在面对岗位描述时，要详细了解每项工作的难易程度，以及是否与自身专业相符。因此 HR 人员在进行岗位描述时要注意两点，一是把岗位职责写具体，二是把岗位职责写规范。

（1）岗位职责写具体

这需要 HR 人员与岗位所在部门的负责人沟通，了解岗位日常工作情况，条理清晰地罗列工作任务，在用词时注意专业性和规范性。

比如在进行编程人员的岗位描述时，就要做好基本的名词储备，对一些专业性强的任务需要用专业词汇。

某科技公司在招收 Java 程序员时，对日常事务叙述为："负责项目中部分模块开发及项目的后期维护。"

这里 HR 人员没有交代清楚系统的开发结构是基于 B/S 结构，还是基于 MVC 结构，这种笼统的说法为求职者带去了不确定性，也增加了他们的顾虑。因此，以上岗位描述中的说法显然不如以下的岗位描述更好：

- 运用 Java 进行基于 B/S 结构的应用系统开发；
- 负责模块设计、编码、测试及文档编写的工作；
- 负责公司相关产品的研发、故障的排查和解决；
- 完成技术支持保障工作及交办的其他工作。

（2）岗位职责写规范

每一专业领域都有自己的专业术语，HR 人员在进行岗位描述时就要发挥好专业性，将岗位职责表述清晰，让求职者感受到企业应有的规范。

2. 任务量

某单位招聘电话销售人员时，就做了详细的任务量描述：每天至少打 30 个电话，每周至少拜访 20 名客户。

这种对任务量的具体描述对于求职者而言是很好的评判岗位合适与否的标准，通过对任务量的描述，一些无法接受这种工作强度的求职者就会放弃这个岗位，为双方节省了很大精力。

通过对日常事务与任务量的描述，求职者就能建立起这份工作对于自己而言合适与否的基本认知，这样的岗位描述才能更高效地为企业选拔人才。

4.2.3 待遇详解：薪酬+福利

在公布招聘信息时，能让求职者来回权衡的，很大一部分是岗位的薪酬与福利。如何设计符合求职者预期的薪酬与福利？HR 人员要对比市场行情，再结合以往经验为岗位“定价”。

1. 市场行情

HR 人员在为岗位“定价”时，一定要通过智联招聘、前程无忧等招聘渠道判断市场行情，搜索同类型的岗位就能得到同类型岗位的薪酬待遇，同时要注意城市、企业的资质、岗位在企业中的作用三点因素对相同岗位薪酬的影响。

2. 以往经验

在了解市场行情后，HR 人员还需要参考企业整体的员工工资水平。如市场上同类别运营推广岗位员工的平均月薪为 4000 ~ 6000 元，企业自身的运营部员工平均月薪为 4500 元，那么企业可以将月薪定位在 4000 ~ 5000 元。

除了公开薪酬，企业为了展现优势，还需要对福利待遇进行描述。一般的公司福利待遇有节日福利、员工旅行、团建、带薪休假、员工下午茶等。企业在写福利待遇时有什么注意事项吗？我们从以下几点分析。

1. 撰写时注意写具体

福利待遇分为以下几种：五险一金、现金补贴、节日礼金、年终奖金、休假、个性化福利等，HR 人员要逐条写清楚，展现企业的福利优势。

2. 福利待遇要多元化

不一定物质性回馈才是福利待遇，我们在撰写时还要加上一些客观优势，如图 4-3 所示。

公司福利
补助、免费班车、全勤奖、团建活动、美好假期、生日会

长期激励
经理及以上级别有机会赴清华大学、北京大学、中国人民大学等高校参加外派学习

图4-3　某企业福利待遇详情

由图 4-3 可知，公司在福利待遇的展示上特别强调外派学习的机会，员工能够得到公司培训，在岗位上有良好的职业上升空间。另外，为员工提供各种补助、免费班车、全勤奖、团建活动、生日会等也展现了企业人性化的一面。

所以对薪酬 + 福利的详细介绍既可以突出企业在招聘中的竞争力，也能让求职者对企业和岗位待遇有更深入的了解。

4.2.4　其他要点：任职条件+联系方式

每个岗位都存在双向选择，HR 人员在介绍清楚企业情况和自身需求后还要为人才制定门槛，即任职条件，一般每个岗位的任职条件由两部分组成，分别是岗位的技术要求和态度要求。HR 人员需要了解岗位的真实状态，结合同事介绍、经理要求等多方建议再对任职条件进行描述。

1. 技术要求

上海一家互联网公司要招聘 Java 工程师，HR 人员就需要对这一岗位进行技术要求描述：

- 2 年以上 Java 开发经验，精通 Java SE，熟悉 Java EE 体系架构；

- 可以使用 Eclipse、Myeclipse、Idea 开发工具中的一种；
- 熟悉 Spring、Spring MVC、Spring Boot、Spring Cloud、MyBatis、Hibernate 或 Oracle；
- 熟悉 Dojo 开发技术；
- 熟悉通信技术（WebService、Socket）、数据协议（JSON、XML）；
- 具有良好的语言表达与沟通能力。

以上是某家企业对 Java 工程师技术方面的岗位能力要求，通过具体的技术能力限制与开发年限限制，能够缩小人才范围，精准定位所需的高技术人才。

一些企业要求求职者拥有相应专业的资质证书，这也可以在任职条件描述中体现出来。

2. 态度要求

除了技术要求，企业对任职者的态度往往也有要求，下面是某家企业对程序员的态度要求：

- 有团队合作精神，始终充满学习的热情，有创新精神；
- 工作积极主动，有责任心，能承担一定的工作压力；
- 工作态度端正，组织性、纪律性强；
- 能适应加班的状态。

在进行态度要求描述时，我们要善于抓住关键词，如程序员需要有创新意识、金融人士要对数字感兴趣、新媒体工作者要对各方面的信息有敏感度，由此我们才能准确把握一个岗位对人才的态度要求。

在撰写好以上内容后，企业还要留下联系方式与联系人电话，以便多渠道沟通。

4.3 破解简历难题的 5 个步骤

一般 HR 人员成功发布招聘信息后，就会收到各种各样的简历，HR 人员如何从这些简历中找到相对适合的求职者？本节将介绍具体方法。

4.3.1　粗筛简历：只看否定项，不看符合项

HR 人员每天会接收到成百上千份简历，要想在简历中挖掘有价值的信息项，就必须对简历进行初步筛选，尽量减少将精力浪费在不匹配的简历上的情况。这时就要面对一个问题，HR 人员应该建立怎样的粗筛原则？

在粗筛简历时，HR 人员在面对信息过于简单、求职意向不明确、跳槽过于频繁、职位匹配度低的简历时，可直接淘汰掉以节省筛选简历时间。

例如，以下是求职意向不明确的简历，如表 4-4 所示。

表4-4　求职意向不明确的简历

期望工作地区	北京
期望月薪	不显示期望月薪范围
目前状况	处于离职中，可随时上岗
期望工作性质	全职
期望从事职业	手机软件工程开发师、软件工程师、移动互联网开发、ERP 技术/开发应用、互联网、电子商务、IT服务（系统、数据、维护）、电子技术/半导体技术人员

从表 4-4 中可以发现，求职者希望入职的领域很多，求职意向模糊，很可能并不具备某一项专业的技能，HR 人员在遇到这种情况时可直接将简历淘汰。

HR 人员可对求职者的学历、学习方向、工作年限等进行大致浏览，以判断求职者是否符合岗位要求。HR 人员在粗筛简历时要掌握的核心诀窍是“只看否定项，不看符合项”。通过关键词搜索来确定简历的去向。

因此，我们在粗筛简历时就能通过简短的几秒钟浏览一张简历，并淘汰掉不匹配的简历。

我们在粗筛简历时要注意思考优质简历都来自哪些渠道，对各渠道的重要性进行轻重分类。例如，一般通过智联招聘、58 同城等平台投递简历的求职者简历较为五花八门，而从微信本地生活号渠道投递简历的求职者就相

对专业，分类审查也能有效使用精力，提高审查效率。

通过核实关键词、分渠道的方法，我们能很好地确定进入下轮筛选的简历。经历粗筛，有多达 90% 左右的简历能够被 HR 人员排除在外，从而大大减少细选简历的工作量。

4.3.2 细选简历：不求“最好”，但求“合适”

在进入细选简历阶段后，要将每份简历的细选过程控制在大约 6 秒的时间内。因此有针对性地细选是关键，我们在 6 秒细选简历过程中要注意以下关键内容：

1. 求职者的主要数据

在这里 HR 人员要关注求职者的应聘职位、在此之前的工作经历、每份工作的起止时间，以及求职者的教育背景等内容。

2. 求职者在以往工作经历

中与招聘岗位较为匹配的工作经历在这里 HR 人员要把握两个核心词：最近时段内、大致匹配。这就是说，HR 人员在细选简历时要把握好大致匹配的度，不需要过于严格和苛刻。

在细选简历时 HR 人员要遵循以下几点原则：

1. 追求合适的求职者

HR 人员在招聘员工时要追求合适而非优秀。优秀人才确实难得，但他是否符合岗位的需求还有待考证，HR 人员切勿过度解读求职者的简历，这样反倒容易将一些适合的求职者排除在外。因而 HR 人员在浏览简历时要注意，简历写得好不一定求职者就是岗位需求的人才，一定要追求“合适的求职者”，而不是“漂亮的简历”。

2. 只看“有没有”，忽略“配不配”

HR 人员在细选简历时不要过于纠结求职者在某项具体要求上是否匹配，而要注重他是否有职位需要的核心元素。例如，我们在进行初中阶段英语讲师招聘时，规定要有英语六级证书，HR 人员就不要纠结求职者是不是英语专业毕业了。HR 人员需要做到避免“鸡蛋里挑骨头”。

3. 切忌因简历格式不对而淘汰求职者

一些 HR 人员认为简历格式不对就是对求职的不重视，这种想法可能会让企业错失优秀求职者。

4.3.3 精读简历：8项重点

细选之后留下的简历都是与岗位大致相符的，接下来的精读简历就要进行细致的衡量，以下 8 项重点内容可以帮助 HR 人员辨别求职者在岗位上解决问题的能力与经验、做事效率、管理能力等多方面素质。

1. 以往公司的规模、性质、知名度

HR 人员要密切关注求职者曾经工作过的企业的规模、性质、知名度等。

例如，一个在外企工作多年的求职者转入民营企业，可能会有“水土不服”的现象产生。在多年的面试中我发现，一般在日、韩、台企工作的员工做事风格更为严谨、对上级高度服从；而从民营企业出来的求职者有着更强的抗压能力与实操能力，但对工作的认识缺乏一定深度；拥有外企工作经历的求职者面对企业要求更加专业化，具有极强的职业精神。

2. 以往担当的角色与执行的任务

HR 人员要关注求职者在曾工作过的企业中担当的角色，还要特别关注他执行过的任务有哪些，主持与参与过的项目能够证明他们拥有的经验和能力。

3. 专业管理幅度

了解求职者在原岗位时的管理范围、团队大小与相应的职务功能范围。

4. 经验和成就

有丰富经验和取得过突出成就，是应聘中的重要加分项。

5. 量化数据

在精读简历时要注意量化数据指标，如刚毕业大学生的专业成绩，英语培训讲师的雅思、托福成绩，销售人员的以往业绩等，这些量化数据所代表的成就和贡献是一种科学的实力展现。

6. 教育背景与资质

技术性较强的岗位需要衡量是否是“科班出身”、是否拥有相应的专业资质与国家认可的资格证书，这种挑选方式能为 HR 人员快速找到适合的专业型人才。

7. 求职者的职业发展与规划

从求职者的职业发展与规划中，HR 人员可分析求职者的职业发展方向和工作稳定性。

8. 有无自相矛盾之处和明显错误

自相矛盾反映出求职者有说谎的嫌疑，而书写中的明显错误则反映了求职者做事马虎的缺点。

在把握以上 8 项重点的前提下，HR 人员对求职者简历进行精读，可确保招聘的效率与精准度。

4.3.4 研判简历："三看两断"

进行过简历精读后，HR 人员就要对简历进行研判了，也就是在精读简历的基础上对简历进行更为细致的"审判"。因此如果我们将精读视作对"是否合格"的考察，那研判就是对"是否更专业""是否有价值""是否有竞争力"的衡量。HR 人员在研判简历时，要了解"怎样判"，这需要 HR 人员具有一定的评判辨识力。

在评判求职者的经验时，HR 人员应把握以下标准：

- 求职者的研究项目经验要比一般性的项目执行经验更加有价值；
- 求职者主导的项目比参与的项目更加有价值；
- 求职者具有综合管理经验往往比具有单一管理经验更有价值；
- 求职者拥有高声誉的大奖比一般性奖项中的好名次含金量更高；
- 求职者富有创新性与独创性的专业成果比进行过一些系统化的操作、优化更加令人瞩目。

从求职者以往的工作经验上，可研判出求职者的工作能力，即有研究项目经验、有主导项目经验、有综合管理经验、有高声誉大奖、有创新性与独创性成果的求职者工作能力会更强。

除了求职者的工作能力，他的工作风格也会影响到他在岗位上的价值发挥。如求职者应聘的是领导岗位，其中领导能力的判断比较容易，从组织项目、职业发展中就能得到相关信息。而求职者的领导风格研判较为困难。HR 人员可从求职者如何介绍自己的项目成就中来判别。求职者在介绍他的项目成就时，用的形容词很多且辞藻华丽，其风格可能会偏重于表面；如果讲述许多数据和细节，可体现出其严谨、细致的风格。

如何判断求职者的适应性？HR 人员可以从公司性质来推断求职者所要承受的环境变量。当求职者拥有国企、外企、民企多种性质企业的工作经验时，他对企业文化的适应程度会很高，相较仅拥有一种性质的企业的工作经验的求职者来说就有很大的适应性优势。在国企工作多年的求职者更加善于处理复杂的人际关系；身处外企的求职者会有更强的自我意识；而身处民企的求职者在面对压力时拥有更高的抗击打能力。这些都是判断求职者适应能力的经验。

HR 人员在研判简历时还要判断求职者书面内容突显的实操能力，以此确保求职者能够在最短时间内为企业创造价值，HR 人员可以通过以下方面来判断求职者的实操能力。

1. 看细节

求职者简历中越注重细节描述，在未来的工作中越是能发挥个人的实操能力，反之，泛泛而谈的求职者在实操能力上更可能存在短板。

2. 看用词

求职者在进行岗位描述时，是否使用专业词汇来叙述信息能说明求职者的专业水平。

3. 看难点

求职者在简历中强调克服了哪些项目实施难点、提出了什么逻辑思路是十分重要的信息，所有项目的成果是公开的，但面对的问题与难点攻克只有真正参与其中的人员才了解。

HR 人员要从求职者系统的职业发展和规划的内在逻辑关系出发，对简历进行工作能力及适应性方面的研判，以确保企业岗位资源的合理分配。

4.3.5 匹配简历：直接匹配+模糊匹配

研判简历之后，就进入了简历处理的最后环节——匹配简历，这是整个筛选环节的核心。匹配简历是将所认可的求职者信息与企业的招聘岗位对应，以便进行集中邀请面试的环节的工作。匹配简历的方法通常有以下两种。

1. 直接匹配法

直接匹配法是一种简单匹配法。这种匹配法的核心是以求职者自身的专业定岗，而非以求职者的应聘项定岗。企业的岗位需求与求职者在该岗位能实现的成就相关。在现实职场中，即便是同一岗位，对人员的需求也不尽相同，如同样是新媒体运营，招商银行所需的运营人员需要热爱并熟悉金融行业，而医美企业所招的新媒体运营人员需要具备医学知识。

因此，在进行直接匹配时要从行业经验、岗位经验、入行时间、学历资质等要素来看。

2. 模糊匹配法

这种方法适用于专业与所应聘岗位不相符的求职者，在实际的招聘过程中，能够进行直接匹配的简历少之又少，一些求职者对自身也没有清晰的职业规划，因此 HR 人员在实际招聘中要想创造人才价值，需要为求职者进行各项关键要素匹配。模糊匹配法中的关键要素包含了技能、工作经验、领导能力等，为人才利用做着最大努力。

直接匹配法是对招聘岗位的关键要素与求职者各项条件进行匹配，其核心是招聘岗位的关键要素，包括行业经验、学历、年龄等各要素。如求职者条件与岗位的关键要素相符，则直接匹配成功。与直接匹配法不同，模糊匹配法是分析求职者能力与招聘岗位关键要素的匹配程度，模糊匹配的关键在于要进行相关性的研判。当绝大部分关键要素匹配且相关性高时，模糊匹配即为成功。

对于被淘汰的求职简历，HR 人员也不能轻易忽略，可以建立备选档案，整理在研判阶段被刷下的简历，以使日后企业需要人才时有后备资源。这种方式也提高了筛选简历的效率。

最后要特别说明的是，企业要想在求职者中树立正面形象，需要为求职者提供回执信，面对不能提供面试机会的求职者，HR 人员可以发一封感谢函，感谢求职者的申请，并转告这些求职者，企业已将简历存入了企业的人才库，未来有新职位机会时，会在第一时间通知他们，并欢迎他们对企业的人才招聘进行持续关注。这种做法不仅体现了 HR 人员的专业程度，也展现了企业的文化与关怀，有助于企业的品牌建设。

第 5 章
高效面试：面试人员管理与面试谈判

在选人阶段，招聘能否成功，80% 是由面试人员管理质量决定的，虽然面试人员的工作量可能只有 20% 左右，但是它的重要性不可小觑。因为只有好的面试人员才能够选到好的候选人，只有合适的面试人员才会筛选出合适的候选人。面试谈判的成功是达成高效面试的关键因素，面试谈判的成功保证了面试流程的有效性。

5.1 面试人员管理，把控人才入口质量管理

面试人员管理由四个部分构成，分别是面试人员池的搭建与管理、面试人员与求职者的沟通、面试人员综合能力的培养与提升及对面试人员的考核。如果把面试人员管理比作企业招聘的一个生态水池，那么面试人员池的搭建与管理类似于建造一个更大的水池，面试人员与求职者的沟通类似于源头活水，面试人员综合能力的培养与提升类似于更大的鱼，对面试人员的考核则相当于更好的生态。

5.1.1 面试人员池的搭建与管理

在实际工作中，业务部门与面试人员在沟通过程中会有很多的冲突和挑战，同时也会给面试人员带来如下诸多困惑：

1. 业务部门认为项目做不好是面试人员没招到人造成的，真的是这样吗？

2. 业务部门对于自己推荐的人，会在面试评估中有所倾斜，有没有办法管理一下？

3. 业务部门没有内部招聘，面试人员十分忙碌，难道招聘就真的只是面试人员的事情？

4. 业务部门面试完了也没说什么就要聘用，评估表都写得很简单。

5. 业务部门非要招这个人，面试人员觉得稳定性不高，可他们也不听，怎么办？

6. 业务部门评估表打分标准不统一，有的打 6 分，但是认为可以聘用，有的打 8 分，却还不确定是否可聘用。

7. 业务部门不会用招聘系统，总是求助于面试人员，浪费了不少时间。

这些问题都对面试人员的工作提出了挑战，因此，面试人员必须具备过硬的专业素质与本领，挑选出最合适的人才，满足业务部门对人才的需求。这样两者之间的矛盾就会减少，组织的运行效率与业绩也会得到进一步提升。而要做到这一切，就必然离不开面试人员池的搭建与管理。

面试人员池的搭建与管理由如图 5-1 所示的 4 个部分构成。

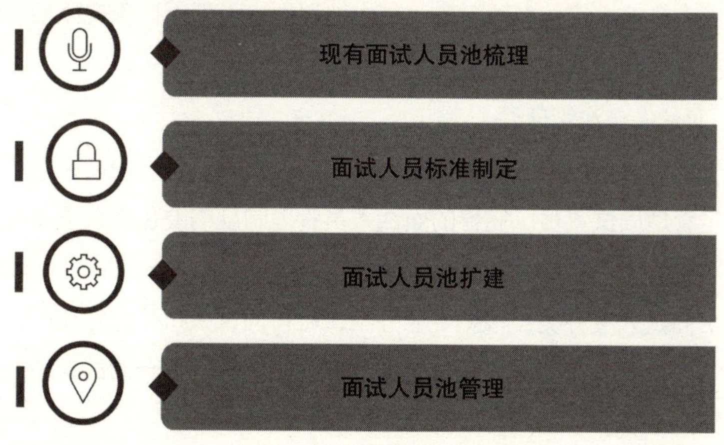

图5-1 面试人员池搭建与管理

1. 现有面试人员池梳理

现有面试人员池梳理由 4 个部分构成，分别是面试人员名单汇总、面试人员名单管理、面试人员画像及面试人员资质管理。首先需要汇总面试人员名单，其次在面试人员名单管理的工作中，要对面试人员的职级、部门、背景进行深入调查。面试人员画像要求按其部门及专业能力进行分类，而面试人员资质管理强调的是面试人员的职称、级别和工作经验等。

2. 面试人员标准制定

面试人员标准制定由 3 个部分构成，分别是工作经验、职级级别和专业 / 管理优势。其中面试人员的工作经验一般为在本公司工作半年以上，职级级别一般为高级主管及以上，而专业 / 管理优势要求面试人员具有过硬的专业技术，同时具备符合其职级级别的管理水平。

3. 面试人员池扩建

面试人员池扩建是面试人员池搭建与管理的重要内容，面试人员池扩建的目标是形成良好的面试人员梯队，建立起强大的面试人员团队。

在扩建面试人员池时，有 3 个方面的因素不容忽视，分别是质量、数量和专业。质量方面要求面试人员必须有过硬的专业能力、管理能力和面试技巧等；足够的数量也是面试人员池扩建的基本要求；而面试人员池的专业性体现为不同类型的面试人员的配比能够达到最优。

在面试人员池扩建中，对新加入的面试人员的培训是必不可少的，培训也是面试人员池扩建的有效手段。其中培训内容包括面试管理体系、面试流程、面试技巧和面试试题训练等。

4. 面试人员池管理

对于面试人员池的管理需要建立完善的面试人员管理制度，并严格按照制度规定管理面试人员。完善的面试人员管理制度需要包括以下 4 个方面的内容。

（1）面试人员分类：根据专业分工，可将面试人员分为专业面试人员和综合面试人员。专业面试人员一般为业务部门主管；综合面试人员一般为综合管理部门主管。

（2）面试人员培训：对于面试人员的培训是提升面试人员池质量的重要手段，对于面试人员的培训要针对面试流程、面试技巧等方面。

（3）面试人员资格认证：面试人员资格认证由公司内组成的专家团队进

行，认证方式包括考试、答辩和现场模拟等，多种方式的结合应用可使认证结果更加科学合理。

（4）面试人员考核：通过对面试人员的考核，可判断其是否为一名合格的面试人员。面试人员的考核内容包括其在面试过程中是否严格遵照企业规章制度行事，是否有良好的职业操守，是否按照面试流程及面试方法进行面试，是否切实考察了求职者的技能及素质等。

对面试人员池的搭建与管理是建立面试人员团队的基础，面试人员团队的框架确定了，才可对面试人员制定合理的管理方案。

5.1.2　面试人员与求职者的沟通

如果说面试人员池的搭建与管理是招聘的团队根基，那么面试人员与求职者的沟通则构建了人才招聘的心理根基。良好的沟通像源头活水，能够让求职者感受到良好的发展前景，能够让更优质的人才加入团队，为公司的发展壮大添砖加瓦。

就整个面试环节而言，面试人员与求职者的沟通分别体现在面试前、面试中和面试后。

1. 面试前

面试人员与求职者在面试之前的沟通是十分有必要的。一般情况下，面试人员会对求职者进行电话邀约，或在求职邀请发出后再进行电话沟通。

在面试前的电话沟通里，面试人员可对求职者进行初步了解，包括其工作能力和工作经验等，同时，面试人员也要重点介绍公司文化、发展现状、岗位要求、福利待遇等。对于一些工作中的重点问题也要进行沟通，如求职者能否接受经常出差或临时性的加班等。如双方就所有沟通问题达成一致，面试人员即可再次发出面试邀请并提醒其面试时所需物品和注意事项等，在求职者心里留下良好印象，更有利于接下来的沟通。

除了电话邀约，在面试之前，如出现求职者爽约的情况，面试人员也不能大意，须和求职者进行沟通，了解其爽约的原因，避免因为面试前的流程失误在求职者心里留下不好的印象。如果是公司自身的原因，就要对失误之处进行改善。

2. 面试中

面试中面试人员与求职者的沟通是最为关键的，作为一名优秀的面试人员，在与求职者进行沟通时一定要把握以下4个重点。

（1）了解求职者的求职动机。面试人员在了解求职者的求职动机时可以询问其变动工作的原因、对于工作看中哪些方面、应聘这个岗位的原因等。

（2）了解求职者的经验和能力。在了解求职者的经验和能力时，面试人员需要了解其以往的工作经验、时间和工作角色等。同时，有经验也不代表求职者的工作能力强，面试人员可以让求职者讲述以往工作中的成功案例，再具体询问求职者如何解决困难、用什么方法完成目标等细节问题。

（3）在沟通中分析求职者能否适应新的环境，即人岗是否匹配。在分析求职者是否与公司岗位匹配时，可以假设一些场景，让求职者讲述其工作思路。

（4）分析求职者的稳定性。一般而言，面试人员从求职者的以往工作经历中可以分析其稳定性，因此面试人员要对其以往工作进行较为详细的询问。如果求职者之前的工作更换比较频繁，则表明其工作的稳定性不高。同时，也要了解求职者的未来职业规划，求职者的未来职业规划与岗位匹配程度越高，求职者的稳定性越强。

在面试过程中，面试人员同样需要考虑求职者的需求，对于薪酬及公司的福利要进行详细的介绍，这方面的沟通可以使求职者快速熟悉企业文化并产生认同感,完善的绩效薪酬及福利制度对求职者而言是十分具有吸引力的。

3. 面试后

面试后，面试人员会根据面试决策向通过面试的求职者发送聘任通知，但面试工作并不是聘任通知发送完就结束了。

面试人员要统计求职者发回来的确认信，对于那些拒绝入职的求职者，面试人员需要与其进行电话或邮件沟通，了解其拒绝的原因并积极寻求解决的办法，最大限度地避免人才流失。

总之，面试人员与求职者的沟通贯穿于面试的全过程。同时，面试人员在与求职者的沟通中，要抓住重点，有的放矢。

5.1.3　面试人员综合能力的培养与提升

移动互联时代，对人才的要求在不断地变化，面试人员的能力也要随之不断地发展变化。面试人员要不断学习，培养与提升自己的综合能力，从而吸引更多优质人才，推动公司发展。

面试人员要学会根据公司具体情况选择合适的面试方法，面试人员常用的面试方法有两个，分别是联合面试法和综合面试法。

联合面试法是应用比较广泛的面试方法，面试人员可充分运用这种面试方法来加强人才管理。联合面试分为三种形式，分别是依次面试、共同面试和交叉面试。

依次面试的步骤为业务部门主管人员先对求职者进行专业能力方面的面试，之后 HR 面试人员再对求职者进行面试，主要面试内容包括求职者对企业文化的认同程度、薪酬绩效沟通及对背景调查的一些详细询问等。

共同面试为业务部门主管人员与 HR 面试人员共同面试求职者，这种面试方法主要出现在集中面试或专场面试中。

交叉面试指的是业务部门主管人员请其他部门的人员来共同面试，以便对求职者进行全面的了解，更具准确性。在岗位面对的跨小组、跨部门协作非常多，或者在公司内业务链条较长时，各部门交叉面试的方式更有助于寻找合适的求职者。

面试评估表为面试人员在面试过程中使用的重要工具，可协助面试人员对面试结果进行总结。常见的面试评估表有以下两种，如表 5-1 和表 5-2 所示。

表5-1　面试评估表1

面试评估记录					
面试评估项目		初试	复试一	复试二	HR人员终面
知识技能	1. 专业背景、知识即技能 2. 执行能力 3. 解决问题能力 4. 团队合作能力				

续表

面试评估记录					
素质能力	1. 责任心 2. 工作激情				
管理能力	团队管理能力				
发展能力	学习能力				
价值观	客户为先 创新能力 商业意识				
说明：请在上述项目中打分，分值为0～10分，其中0分为最低分，10分为最高分。					

表5-2　面试评估表2

初试意见	优势： 劣势： 个人特点： 评估结果：□进入下一轮面试　□弃用 面试人员：　　　　日期：××××年××月××日
复试一意见	优势： 劣势： 个人特点： 评估结果：□进入下一轮面试　□弃用 面试人员：　　　　日期：××××年××月××日
复试二意见	优势： 劣势： 个人特点： 评估结果：□进入下一轮面试　□弃用 面试人员：　　　　日期：××××年××月××日
HR意见/最终录用意见	经各面试人员沟通一致，建议： 录用岗位： 直接上级： 试用期：×个月 工作地点： 工作职能： 工作职级与职务： 评估结果：□备选　□弃用 签名：×××　　日期：××××年××月××日

选择合适的面试方法可帮助面试人员提升其面试能力，同时，无论采用哪种面试方法，面试人员都要注意与业务部门主管人员的沟通，同时，面试人员还要充分利用面试评估表来辅助自己达成更加精准的面试决策。在这几方面的共同作用下，可有效地提升面试人员的能力，为公司招揽更合适的人才。

5.1.4　对面试人员的考核

对面试人员的考核也是对面试人员进行管理的重要组成部分，考核可以帮助面试人员解决面试工作中的问题并对其产生激励作用。

对面试人员的考核包括过程考核和结果考核两个部分。

过程考核指的是对面试人员在面试的各流程中的表现进行的考核，包括对于面试评估表的使用是否恰当、面试流程是否符合公司规定、是否对新入职员工做了入职跟踪调查等。过程考核主要考核的是面试人员的沟通能力。

结果考核包含更多的方面，包括聘任通知发放的数量、面试成功率、试用期间离职率、招聘成本等。聘任通知发放的数量是最基础的量化考核数据，而对面试成功率的考核制止了面试人员滥发聘任通知的行为，能够让其更谨慎、更科学地做出招聘决策。员工试用期间的离职率能够反映面试人员的招聘质量，如果招聘质量过关的话，员工在公司里就会有较为稳定的发展。

同时，对于面试人员来说，人员工资的控制也是其考核的一部分，毕竟求职者的工资标准也是面试人员可以进行规划的，如果招聘成本较低，则表明面试人员能力较强。

总之，对于面试人员的考核是存在于面试中和面试后两个阶段的，其考核指标不仅包括聘任通知发放的数量、招聘成本等可量化的指标，也包括面试评估表的准确性等不可量化的指标。

通过过程考核和结果考核，可检验面试人员的招聘质量和效率，从而判断其能力。对于面试人员全方位的考核也有助于帮助其改正面试工作中的失误，完善自己的面试技能。

同时，通过对面试人员进行考核，并对表现出色的面试人员给予奖励，也会对面试人员的工作起到积极的促进作用，激发其认真工作。

5.2 面试谈判，临门一脚的技巧

现在招聘很大的挑战在于面试谈判，因为面试谈判中经常出现意外。面试谈判出现意外的原因很复杂，可分出十几种不同的大类，每个大类里面还存在许多小类，这简直让企业的招聘部门“痛不欲生”。本节主要从面试谈判常见问题及解决方案、面试谈判核心内容两个方面进行细致分析。

5.2.1 面试谈判常见问题及解决方案

根据一个同行分享的数据，有一些公司的面试通知拒收比例已经超过了20%，而且这一趋势是只增不降的。在实际工作中，面试谈判不仅仅是谈一谈这样简单，更多的是面试人员怎么理解职位卖点，怎么理解求职者痛点，怎么作为桥梁把求职者和业务部门主管人员连接起来，最终实现共赢。

面试人员招聘时要不断去匹配业务需求痛点，协助业务部门和求职者进行双向选择。同时这一过程也能够促使团队不断提升招聘技能和招聘效率。但是在面试的实际谈判中却总是难以避免地出现以下问题：

1. 薪酬中股票期权的配比不理想，或者股票期权的行权方式不理想；
2. 薪酬部分现金没有达到期望；
3. 求职者想换个行业或者城市，或者求职者想创业；
4. 求职者认为其他面试的岗位或平台更有吸引力；
5. 求职者认为企业股票在下跌没有信心，担心职业发展受限或者会有影响；
6. 求职者认为业务部门主管人员状态不好，可能业务部门主管人员自己都待不久，对未来有怎样的新业务部门主管人员是有担心和顾虑的；
7. 求职者认为业务部门主管人员的管理风格和自己的风格不匹配，或者不喜欢这种风格，担心后续合作不愉快等。

这些情况面试人员都是可能碰到的，可以把以上问题归为三类。第一类是薪酬福利没有谈拢引发的问题；第二类是职业生涯规划引发的问题；第三类是公司的管理引发的问题。

无论是薪酬中股票期权配比不理想、股票期权的行权方式不理想，还是薪酬部分现金没有达到期望,都是薪酬福利没有谈拢的问题。在实际工作中，薪酬福利没有谈拢的问题出现的概率最大。

这个时候面试人员就需要调整股票期权的配比，或者按阶梯式兑现股票期权的方式跟求职者谈判。面试人员也可以用提升现金比例，然后保持股票期权配比的方式来进行谈判。如果是求职者期望过高，面试人员在谈判中要通过对行业信息进行客观分析及客观比较的方法，适度打压求职者期望，让他自己去调整。或者是面试人员把业务部门人员拉进来与求职者沟通，从而让他信服。

面试人员需要提前做好期望管理与风险管理，但是这只能够暂时稳住状况。另外，面试人员要和求职者讲清楚他可能面临的风险，需要及时给求职者打气并给出解决方案。例如，面试人员可以讲讲自己之前遇到这种情况时是如何处理的。

关于薪酬福利引发的拒收聘任通知的问题，面试人员需要做好引导，特别是要做好观念的梳理。常言道:“工资发给日常工作的人，高薪发给承担责任的人，奖金发给做出成绩的人，股权发给能干忠诚的人，荣誉颁给有理想抱负的人。内心想成为什么样的人，就要努力成为做你想做的那种。”所以，面试人员需要用这样的观点来引导求职者进行面试谈判。

斯坦伯格的一句名言讲道:“谈判的目的并不是摧毁对方，而是寻求对双方都切实可行的完成交易的最有利可图的方式。”因此，面试人员必须在谈判的过程中掌握好这一本质，用最合适的薪资筛选出最合适的人才。

无论是求职者认为企业职位的晋升方向与自己预期的职业发展规划不匹配，还是求职者认为企业内的晋升渠道及流程不合理，由此引发的拒收聘任通知的问题都是职业生涯规划引发的问题。对于这一方面的问题，面试人员在面试谈判中一定要对求职者清楚、全面、详细讲明企业对其短期、中期、长期的职业生涯规划，并讲明企业内部的职业晋升通道，消除求职者的误解，避免求职者因为对企业职业生涯规划的片面了解而拒收聘任通知。

而求职者认为业务部门主管人员状态不好或是求职者认为业务部门主管人员的管理风格与自己的做事风格不匹配，由此引发的回拒聘任通知的问题，都可以归结为公司管理的问题。这一问题的出现频率呈不断上升趋势。

因此，面试人员必须抱着积极的心态去动用可利用的资源解决问题，同时获取一些解决问题的新思路。

5.2.2 面试谈判核心内容

面试谈判也要讲究策略，特别是要掌控讲话的重点。一方面，要能够让求职者以最快的速度获知工作的要点；另一方面，面试人员也可以通过询问进一步了解求职者的综合信息。这样双方能够以更快的速度互相进行考核，最终做好匹配。

面试过程中，面试人员的谈判的核心内容包括3个方面，分别是了解求职者个人信息、职位营销和薪酬福利。

1. 了解求职者个人信息

对于了解求职者个人信息来说，可以从4个方面来进行。只有对求职者个人信息做出进一步确认，才有可能提高面试的成功率。

（1）深入了解他们的价值。

面试人员可以通过了解求职者掌握的技能、是否拥有工作经验等来判断其对于岗位的价值。面试是价值了解和确认的过程，但因为时间比较短，所以要去调整，通过后续的工作更多地了解求职者。

（2）深入了解他们的动机。

面试人员可以从求职者的职业规划与职业发展方向及家庭情况与个人兴趣爱好等方面来判断他的动机。同时，面试人员需要给求职者的动机进行优先级别排序。在这一过程中，面试人员需要擦亮眼睛，判断他们的语言与动机是否真实可靠。

（3）了解他们的劣势。

例如，知识储备有什么样的欠缺，他的技能特点和他的个人外在信息有哪些是短板等。

（4）了解他们的底线。

这样面试人员谈的时候才能够知晓面试时需要出什么牌。同时，面试人员也要深入分析，重点去阐述能够说服求职者的理由。例如，公司能够为他们的职业生涯发展提供良好的平台，公司的薪酬福利优渥及公司品牌在行业内享誉极高等。

2. 职位营销

在影响面试成功率的因素中，职业发展和公司的品牌及声誉因素是十分重要的。因此，面试人员需要针对公司发展状况做出职位营销。对职位的卖点描述如图 5-2 所示。

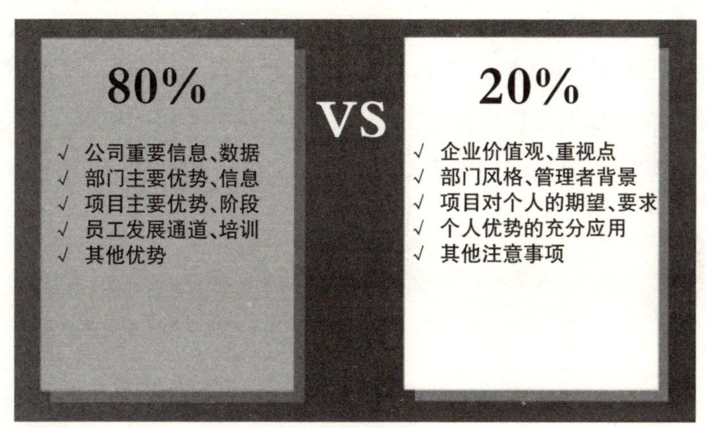

图5-2　职位卖点的具体内容

由图 5-2 可知，职位卖点可以按照“80/20 法则”进行具体分类。在进行职位卖点描述时，面试人员讲述企业价值观、重视点，部门风格、管理者背景，项目对个人的期望、要求，个人优势的充分应用等信息时，内容占比要控制在 20% 左右。因为这类内容属于宏观的内容，当讲述过多时会产生相反的效果。

同时，面试人员要多与求职者谈论公司的重要信息、数据，部门的主要优势、信息，项目主要优势、阶段，以及员工发展通道、培训等内容。这方面的内容占比要达到 80% 左右。因为这类内容属于细则问题，求职者由此能够得到更多的有效信息。面试人员只要能够细致分析求职者的主要特征，并能够将未来的发展前景描述得很到位，面试的成功率自然也会提升。

3. 薪酬福利

薪酬福利也是面试谈判中的重要内容。薪酬福利的范围很广，如工作环境、工作平台的稳定性、工作的压力大小及具体的薪酬、补助、股票期权、绩效模式和其他特殊状况等。但是，一般的面试人员在谈薪酬时只谈薪酬，不谈其他。这不利于面试谈判的成功。

在薪酬福利谈判的过程中，面试人员要做好以下内容：

根据“80/20 法则”，企业中 80% 的财富主要是由 20% 的优秀员工创造的。所以，薪酬谈判的过程中，面试人员必须提及在进行福利分成或者做表彰时，要给最优秀的员工最大的奖励。物质激励的作用对员工来讲是显而易见的。

以上是面试谈判的重要内容，但每一个面试人员在进行谈判时都不能够死板教条，而是要根据自己公司的状况、职位发展的状况和求职者的综合信息，拿出最适宜自己的谈判内容与方案，最终提升面试的成功率。

第 6 章
员工录用：背景调查的方法与风险

求职者通过面试后，HR 人员需要考虑要不要录用该求职者，这个时候 HR 人员要对其进行背景调查。HR 人员在对员工进行背景调查时，要对其基本信息进行全面的调查，同时对调查资料进行严密分析，以防受骗。另外，HR 人员在进行背景调查时也需要选择合适的方法。

HR 人员必须对员工录用的背景调查引起足够的重视，同时了解员工录用的各种风险，防患于未然。

如果 HR 人员没有对将录用的员工做背景调查，就会使员工的录用存在风险，如员工提供的信息不真实、员工不具备胜任职位的能力等。

6.1 员工录用的背景调查

在 HR 人员进行员工录用的背景调查时，需要了解背景调查的具体内容、进行背景调查的时间点、如何提升背景调查的效果和如何发现调查信息中的虚假信息。

6.1.1 背景调查的具体内容

由于现在网络招聘十分普遍，HR 人员能获得的求职者信息也越来越多，如何对信息进行核实判断，成为 HR 人员工作的新难点，而背景调查能帮助

HR 人员做好这一工作。现在一些比较大型、正规的企业都会要求在招聘流程中对一部分重要岗位的求职者进行背景调查。

上海一家公司招聘一名中心总监，其中有一位求职者不仅已通过了第三轮面试，而且三次面试的评价都很高。但由于岗位的重要性，这家公司的 HR 人员在发聘任通知前，对该求职者进行了背景调查，主要针对求职者最近任职的两家企业。

求职者在第二家企业的履历记录中写明任职期限是五年，但实际上这家企业的 HR 人员反馈的期限是一年。上海这家公司的 HR 人员获得这些信息后，就提高了警惕，通过多方途径了解这位求职者的离职原因，最终得到该求职者品行不好的回复，上海这家公司的 HR 人员最终放弃了这位求职者。

通过案例我们可以看出，背景调查能规避用人风险，减少企业招聘和培训的相关费用开支。

那么 HR 人员在进行背景调查时，要调查哪些内容？如图 6-1 所示。

图6-1 背景调查的内容

1. 基本信息

一般包括求职者的身份信息、教育背景、工作经历、离职原因、犯罪记录等，针对一些专业岗位，比如财会类，还需要求职者提供专业资格证书，并对其进行验证。

2. 侧重点

岗位和职位不同，背景调查的侧重点也不同。一般基层员工和毕业生的调查重点是包括学历在内的基本信息。中高层管理岗位的调查重点是职业素养，比如专业能力、管理能力、沟通技巧、过往的经历等。又因为中高层管理岗位涉及企业的关键信息和核心技术，因此 HR 人员还要对敏感信息进行背景调查。

3. 关键人

背景调查的重点是求职者此前的职业经历，所以求职者的前公司里会有掌握关键信息的人，HR 人员可以将求职者前公司的关键人提供的信息作为补充和借鉴，对求职者进行判断。

由于背景调查涉及求职者的隐私，因此 HR 人员在进行这一工作时，要注意不要触犯法律。

6.1.2　进行背景调查的时间点

何时进行背景调查这一问题困扰着很多 HR 人员，我们先来看看从招聘到员工转正的全流程，如图 6-2 所示。

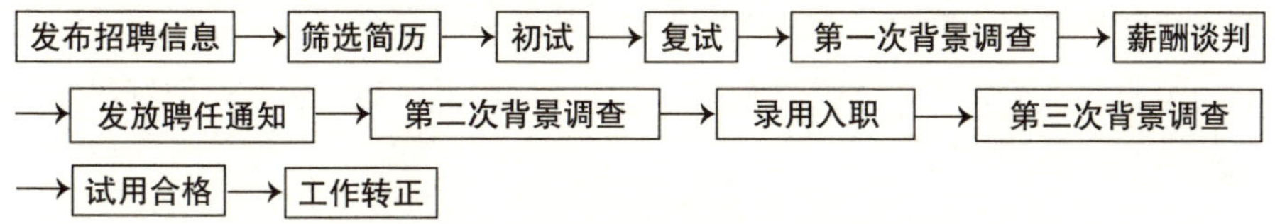

图6-2　从招聘到员工转正全流程

从图 6-2 中我们可以发现 HR 人员需要进行三次背景调查，其中前两次背景调查均在录用之前，可统称为录用前背景调查，第三次背景调查又被称作录用后背景调查。

资深架构工程师何磊在离职后，向一家知名互联网企业提交了简历，何磊在编程领域经验丰富，个人履历很出彩，但由于是通过专升本课程拿到的本科学位，因此何磊隐瞒了自己的学历信息。

在由 HR 人员主持的终面中，HR 人员向何磊核实简历上的基础信息，何磊迟疑地说："其实我是专升本，简历写得不清楚。"

HR 人员告诉何磊必须中断这次面试，他需要重新核实一遍何磊的简历信息。何磊觉得 HR 人员太小题大做，HR 人员告诉何磊，专科、本科并不是关键问题，但他故意隐瞒自己的学历信息，即使通过了终面，在接下来的背景调查中也一定会被查出来，这将被视作隐瞒、更改个人信息的作假行为，一定会被拒绝。

何磊的案例告诉我们，入职前的背景调查涉及求职者基本信息，比如薪酬及任职资格，能否如实提供这些信息可体现出一个人是否诚信。

录用前的背景调查有利于 HR 人员灵活处理造假的情况，法律负担较小；但由于招聘流程的时间比较紧，HR 人员不一定能够充分完成背景调查，或者因为等待时间长，求职者可能转向其他企业。

录用后的背景调查一般在员工的试用期内进行，1 ~ 6 个月的试用期为 HR 人员提供了充足的调查时间，也不用担心优秀人才流失。这一时期的调查能帮助企业尽快吸引优秀的人才，但一旦发现员工存在问题，企业要辞退该员工，企业就要承担比较大的法律风险，而且如果该员工存在职业道德问题，也将给企业带来更大损失。

具体是在录取前还是录取后进行背景调查，由 HR 人员根据企业的实际情况决定，企业大部分普通岗位可采取入职前背景调查的方式，以防患于未然，企业紧急招聘的关键职位人员可以先入职再做调查，但需要做好法律方面的防范预案。

6.1.3 如何提升背景调查的效果

背景调查要确认求职者过去的职业经历，具有事后性，但其是企业引进关键岗位人才必不可少的环节，能降低企业的风险。

张华是北京一家知名外资科技公司刚入职的 HR 人员，主管要求她在一周内为公司市场部招到两名基层员工。这家公司非常重视背景调查这一环节，但张华在之前的公司从未做过这一工作，觉得无从下手。为了能完成工作任务，她从网上找了一些背景调查的方法，最终有惊无险地完成了招聘工作。

这两名员工入职后，其中一名因工作态度不好被公司辞退，另外一名因家庭原因选择了离职。这代表着张华的工作全是无用功。究其原因，还是张华没做好背景调查，录取的这两名员工在原公司的评价并不好。

从张华的案例来看，HR 人员怎么做才能提升背景调查的效果？方法如图 6-3 所示。

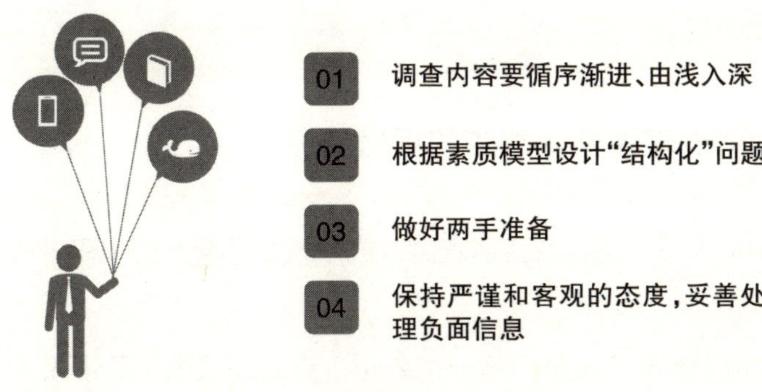

图6-3　提升背景调查效果的方法

1. 调查内容要循序渐进、由浅入深

HR 人员不要一开始就触及某些敏感话题，这会使求职者产生抵触情绪，不愿配合调查。HR 人员可以先将想要问的问题写下来，根据对话内容灵活调整问题的顺序。一般把简单、不重要的问题放在前面。

2. 根据素质模型设计“结构化”问题

素质模型是个体为达成某一目标所具备的各素质要素的集合。在做背景调查时，HR 人员可以设计出职位的素质模型，以此来确定背景调查的重点。设计出素质模型后，HR 人员就容易根据要素设计调查问题，有针对性地展开调查，最大限度地保证调查的有效性和准确性，从而对候选人做出客观公正的评价。

3. 做好两手准备

在进行背景调查的过程中，HR 人员要做好两手准备。一是向求职者解释调查的目的、内容、人员范围，让他们有思想准备，以获得求职者的理解、支持和配合；二是要求求职者填写背景调查信息表。除了要求职者提供各种需要调查的信息，还应有求职者亲笔签署的背景调查授权书和声明书，以免后续的背景调查产生法律纠纷。

4. 保持严谨和客观的态度，妥善处理负面信息

对于负面信息，HR 人员要排除各种特殊情况并多渠道求证，不轻易下结论。但一旦确定负面信息属实，就要立刻采取相应措施，情况严重的要果断拒绝聘用，或解除劳动关系。

HR 人员要想提升背景调查的效果，就必须掌握背景调查的方法，多渠

道进行背景调查。

6.1.4 如何发现调查信息中的虚假信息

很多 HR 人员在进行背景调查时，或多或少都会遇到求职者简历存在虚假信息的情况。

张明 2017 年 3 月入职广州一家公司，当时公司由于急于用人，只是在面试时问了张明一些基本问题，没有进行详细的背景调查，就要求张明尽快办理入职了。实际上张明自己并不担心背景调查，他认为自己提供的履历没有任何问题。

2018 年 8 月，该公司设立了分公司，想让张明负责分公司的市场部业务，因此，对张明进行了一次背景调查。经过调查，该公司发现张明隐瞒了两段工作经历，公司总经理认为这是欺骗行为，不仅没有提拔他，而且还要求以张明“提供虚假应聘材料构成严重违纪”为由与张明解除劳动合同。

张明对公司的处理不服，认为当时面试时，公司没有就工作经历提出疑问与明确规定，只是让员工自己叙述，他认为：“那两段工作确实存在，但都是只干了一个月的实习，我觉得没什么可写的，而且公司也没让我把工作经历全写上。”

公司认为张明存在严重违纪的情形，但公司规章制度中并未明确“提供虚假应聘材料”属于严重违纪行为，且张明所在岗位的录用条件也没有明确规定工作经历及时间年限方面的要求，最终公司不能与张明解除劳动合同。

HR 人员在发现求职者简历存在虚假信息时，不要以偏概全，直接否定求职者，应该先向求职者索要书面证明，再进行各种特殊情况的分析与排除。常见的误判点如图 6-4 所示。

图6-4　常见的误判点

1. 工作时间

求职者可能将实习时间并入工作时间，或者自觉排除了短期工作时间，从而造成工作起止时间有出入。案例中该公司就是没有向求职者明确短期工作也要在简历中写明，导致张明自己隐瞒了两段工作经历。

2. 职位名称

可能会有求职者填写的是市场上统一的职位名称，而原所在企业提供的则是该企业对内的职位名称的情况。

3. 薪酬待遇

可能会出现求职者和原所在企业提供的工资数据一为税前，一为税后的情况。

排除了这些可能的特殊情况后，HR 人员可以再从其他渠道进行二次调查和核实，以免因主观因素对求职者产生误判。

6.2 选择适当的背景调查方法

明确了背景调查的具体内容、进行了背景调查的时间点、如何提升背景调查的效果和如何发现调查信息中的虚假信息后，HR 人员还需要掌握背景调查的方法，以便根据企业实际情况做出最合适的选择。

6.2.1 自行调查

这种方法在中小企业中比较普遍。这类企业十分重视面试，但由于成本原因，不愿或不能将背景调查委托给专业机构。

上海有一家公司两个月前招聘一位财务经理，总经理面试时感觉一位求职者还不错，就让 HR 人员进行背景调查。该公司的 HR 人员为了省钱省事，决定自己去做背景调查，他按照求职者简历上的工作经历，给其原所在公司打电话进行求证。原公司一直在夸奖这位求职者，HR 人员也没有察觉到不对劲，就认为该求职者的确不错，于是就让求职者入职了。

入职后求职者表现得并不理想，接连出现了几次大的专业性失误，这引起了总经理的怀疑。总经理要求该 HR 人员对求职者再进行一次背景调查，该 HR 人员按照求职者提供的原公司的地址，到现场一看，结果发现求职者提供的地址是假的，并且和前几家单位都有过劳动仲裁案底。

从这个案例我们可以看出，HR 人员自己进行背景调查存在不足，这是多种因素导致的。

1. HR 人员除可通过学信网查询学历、学位信息之外，无法精确核实身份验证、工商注册、网贷等数据。

2. HR 人员的日常工作趋于饱和，没有足够的时间进行细致的背景调查。

3. 难以识别求职者提供的前雇主信息是否真实，难以保障背景调查的有效性。

4. 个人主观色彩较浓，调查不够严谨客观。

面对这样的情况，HR 人员怎么样才能做好自行调查？方法如图 6-5 所示。

图6-5　做好自行调查的方法

1. 不能过分信任求职者提供的信息。可动用自己的资源，通过公开资料对求职者提供的前雇主信息进行核实。

2. 书面调查。HR 人员可以给求职者的证明人发出正式的书面调查表进行调查，这样能获得更加详细和具体的信息，也会引起求职者的重视。

3. 实地考察。如果条件允许，HR 人员可以去求职者工作过的公司实地调查，掌握关于求职者的第一手资料。

4. 通过人脉关系调查。HR 人员可以根据求职者的人脉关系网展开调查，比如调查同一行业内的朋友、同一行业或相关行业的 HR 圈。

HR 人员自行进行背景调查时，要将以上 4 种方法相结合，多渠道进行，以避免获得的信息不真实、来源不可靠，影响公司的招聘工作。

6.2.2　借助猎头调查

有些 HR 人员会选择猎头来进行求职者的背景调查，这能让 HR 人员全方位了解求职者的过往经历。而且猎头在对求职者进行背景调查时，能鉴别出求职者提供信息的真实性、求职者的求职意向等更多的求职者信息。

通过猎头进行背景调查比较节约精力，但也不是没有弊端。上海一家做广告策划的公司，想要招聘一位策划总监，目前选定了一位求职者，但因为这一职位对公司非常重要，该公司就委托了猎头进行背景调查。

猎头反馈回来的信息表示该求职者没有提供虚假信息。入职一个月后，该求职者要求公司提高她的房补，不然就离职，原因是该求职者觉得公司离家太远，想要就近租房。但在面试的时候，该公司已经问过该求职者的住房问题，求职者表示住得不远，而且猎头所反馈回来的信息也没有提出这一点。

通过这个案例我们可以看出来，因为猎头与求职者的利益是一致的，所以有些猎头会为求职者做一些“技术处理”，精心包装求职者，以使求职者能尽快获得录用。因此 HR 人员在和猎头合作时要特别注意这一点，尽量与猎头签订协议，并在合作协议上规范背景调查的责任和保证条款。

那么 HR 人员该如何选择猎头，从而保证获得信息的真实性和有效性？有以下几个注意事项，如图 6-6 所示。

图6-6　HR人员如何选择猎头

1. 猎头专业度

HR 人员在选择猎头时要多考虑猎头擅长的行业及专业度。很多猎头什么都能做，但可能什么都做不好，提供的信息也不够准确。

2. 猎头的口碑

专业优质的猎头有着明确的管理制度与职业素养。很多时候，这体现在猎头的口碑上，一般“大家都说好，他不一定好，但大家都说不好，就一定不好”。

3. 猎头的人才寻访体系

人才寻访体系的完善程度是评价猎头优劣的标准之一，猎头的人才寻访体系决定了人才与岗位的匹配程度和人才寻访的效率。完善的人才寻访包括客户需求分析、人才寻访、人才测评、面试推荐、薪酬谈判、背景调查、跟踪服务等环节。

HR 人员在选择猎头时，一定要多进行对比与考察，从而找到可信度最高的猎头。

6.2.3 外包给专业背景调查公司

除了自己调查和借助猎头调查，企业也可将背景调查外包给比较专业的背景调查公司。《2018 年中国职场诚信现状调研分析报告》数据显示：虽然大多数企业依旧采取自己致电候选人雇主和圈内打听的方式进行员工背景调查，但已有超过 30% 的企业开始使用第三方的背景调查平台，且这一比例在不断上升。

专业的背景调查公司有哪些优点和缺点？专业背景调查公司的优点主要体现在以下 3 个方面。

1. 通过专业公司进行背景调查，减少了 HR 人员的工作内容，让 HR 人员能将更多精力用在招聘工作上。

2. 专业背景调查公司的访谈团队经验丰富，能更快、更精准地对求职者进行甄别，在一定程度上帮助企业规避招聘风险。

3. 通过提供订制化的背景调查服务，满足企业的不同需求，从不同维度了解求职者。

专业背景调查公司的缺点主要体现在以下 4 个方面。

1. 专业背景调查公司收费高、门槛高，绝大多数企业难以承担。

2. 背景调查的一些重要环节，如签订合同、授权书，背景调查后的反馈等主要通过线下完成，烦琐的线下工作会降低背景调查的效率。

3. 专业背景调查公司的服务水平不一致，而 HR 人员一旦选定了某家公司，如果对其服务质量不满意，更换服务商的成本高。

4. 传统背景调查公司大多没有征信牌照，对接的数据平台费用高且没有可信度。

因此，HR 人员应综合考虑专业背景调查公司的优缺点，选择合适的合作者。

6.3 员工录用时的风险

招聘是企业解决用工需求的有效途径，其中存在很多风险，如果企业没有对这些风险进行有效管控，必然给自己带来不必要的麻烦。

6.3.1 健康状况审核缺失引风险

员工录用时的风险之一是健康状况审核缺失。很多时候企业都是在员工入职后才发现员工入职前就存在潜在疾病甚至职业病。

北京有一家互联网公司招聘了三位技术员，其中一位员工入职不到 3 个月，就发现有心绞痛，病情较轻，但不能熬夜，工作任务也不能太重，但作为互联网公司的技术员，加班熬夜非常普遍。这家公司很无奈，既不能辞退该员工，也不能给他施加工作压力，公司总经理非常后悔。因为该公司的总经理为了缩短流程，在员工入职前没有进行健康状况审核。

从这个案例中我们可以看出，健康状况审核缺失带给企业的危害，具体有以下几点：

员工在没有违法违纪的情况下，企业不能随意与其解除劳动合同。也就是说，企业不能以身体条件为由辞退员工，必须等到医疗期满，医疗期满后，员工不能从事原工作，也不能从事企业另行安排的工作的，企业才可与其解除合同，并支付经济补偿金。一旦发现员工患的是职业病，那么企业将承担更大的法律责任。

这些限制性规定不仅让企业陷入被动，还提高了解除成本，企业需要支付经济补偿金。《中华人民共和国职业病防治法》第五十八条规定："职业病病人除依法享有工伤保险外，依照有关民事法律，尚有获得赔偿的权利的，有权向用人单位提出赔偿要求。"

但一般情况下，很多企业没有在新员工入职前进行健康体检，无法证明是先前企业的职业病危害造成的，那么企业就要承担相应的责任。

HR 人员应如何应对这一风险？HR 人员应在企业与员工签订劳动合同之前，根据岗位要求制定相应的入职体检标准，并进行健康状况审查工作。要求新员工在入职时必须提供近期的正规的体检报告，或者到企业要求的指定医院参加体检，以证明自身的健康状况。

但 HR 人员在指定入职体检标准时，应避免就业歧视，不要将携带乙肝病毒作为限制就业的条件。

6.3.2 没有离职证明，HR人员是不是可以录用

一般情况下，新员工入职前需要向企业提供原企业的离职证明。但实际上，企业对于新员工的离职证明方面没有硬性要求，这就存在很大的风险隐患。

《中华人民共和国劳动合同法》第九十一条规定："用人单位招用与其他用人单位尚未解除或者终止劳动合同的劳动者，给其他用人单位造成损失的，应当承担连带赔偿责任。"

而离职证明能确认员工已与上家企业解除了劳动合同，具有法律效应，规避企业因使用与其他单位仍有劳动关系的员工而承担连带责任的风险。

杨华在 2 月份面试了一家实力非常雄厚的新公司，该公司希望他能尽快

入职，但杨华还没有取得原所在公司的离职证明。为了能在新公司入职，杨华找了家代办机构刻了个原单位的假章，跟原公司的区别就在于少了两个字。该公司因为着急用人，就没有对杨华进行背景调查。

但在工作过程中，HR 人员发现杨华的工作表现很一般，于是进行了背景调查，这才发现其离职证明是假的。但幸好新公司发现及时，未能损害上一家公司的利益。

HR 人员在招聘新员工时，需要让新员工提供上一家企业的离职证明。如果新员工不能提供离职证明，HR 人员要先延缓其入职时间，等企业通过背景调查，核实无误之后再通知其办理入职手续，这个时候，企业要查验新员工是否存在有效劳动合同，是否属于企业停薪留职人员、未达到法定退休年龄的内退人员、下岗待岗人员及企业经营性停产放长假人员等。

核实清楚后，为了安全起见，HR 人员还需要新员工签署一份承诺书，承诺书参考样式如图 6-7 所示。

承诺书

本人xxx（身份证号:　　　　　　电话号码:　　　　　　）于xxxx年x月x日与贵司达成建立劳动关系的意向，但截至本人前往贵司办理入职手续之日，因__________原因本人暂时无法提供原用人单位离职证明，特向贵司承诺如下:

一、本人承诺，在与贵司签订劳动合同时，本人与原用人单位之间不存在劳动关系，并且不存在任何尚未解决的劳动法律纠纷及其他可能影响本人在贵司正常工作的利益纠纷。

二、本人承诺，与原用人单位之间不存在尚处于有效期内的可能影响本人在贵司正常工作的保密协议、竞业禁止协议或其他相关条款。

若上述承诺不属实，导致贵司与任何第三方产生任何纠纷的，本人承诺本人将独立解决前述纠纷及承担全部责任，贵司有权解除与本人的劳动合同，且不支付经济补偿金。若贵司因此遭受任何损失，本人承诺进行全额赔偿。

特此承诺。

承诺人:xxx

xxxx年x月x日

图6-7　承诺书参考样式

若新员工的背景调查没有问题，并且本人也签署了承诺书，HR 人员便可进行下一步的录用工作。

6.3.3 没有及时签订劳动合同有何风险

现在很多企业在聘任员工时，不愿意与员工签订劳动合同，认为签了劳动合同就要帮员工缴纳各项社会保险，或者认为员工手上有了劳动合同就容易抓住企业的把柄，对企业不利，还有的企业担心签了劳动合同后不能随意辞退员工。总之，很多企业对签劳动合同存在各种各样的顾虑。

上海有一家零售企业，目前在职员工有 100 多人。2018 年年初企业通过校招，招聘进来一名大四学生，之前因为他未毕业，企业只与他签订了实习协议，实习期间觉得他比较优秀，所以企业想要他自 2018 年 7 月 1 日开始继续任职，但企业一直不愿意签订劳动合同，不愿意给员工交社保。

但实际上，如果不签订劳动合同，对企业来说存在很多的法律隐患和风险。

《中华人民共和国劳动合同法》第十条规定："已建立劳动关系，未同时订立书面劳动合同的，应当自用工之日起一个月内订立书面劳动合同。"

第八十二条规定："用人单位自用工之日起超过一个月不满一年未与劳动者订立书面劳动合同的，应当向劳动者每月支付二倍的工资。"

根据案例及相关法规，企业不签订劳动合同存在以下风险。

1. 未签合同并不能免除企业为员工缴纳各项社会保险费用的义务。企业只要发生了用工行为，就与员工形成了劳动关系，即使没有签订劳动合同，员工也享有《中华人民共和国劳动合同法》上规定的各项权利，企业也负有各项义务。

2. 支付二倍工资。自 7 月 1 日起，已超过 1 个月，按照《中华人民共和国劳动合同法》规定，8 月 1 日到目前这一段时间，如果该员工主张自己的权利，公司将不得不向他支付这期间的二倍工资。

3. 员工可以随时离职且不承担任何违约责任或者赔偿。但如果双方签订了劳动合同，员工要提前解除劳动合同，必须提前 30 日书面通知企业，否则就是违法解除劳动合同，造成企业损失时应依法承担赔偿责任。

4. 企业不能以试用不合格为由辞退员工。原本在试用期内，员工不符合录用条件的，企业可以随时解除劳动合同且不需要支付经济补偿金。但如果没有签订劳动合同，就不存在试用期，企业辞退员工需要依法支付经济补偿金。

除了以上这 4 点，企业不与员工在规定的时间内签订书面劳动合同，还会面临其他的风险，企业要慎重考虑与劳动者签订合同的事宜。

6.3.4　发出了聘任通知，HR人员能否拒绝录用

一般情况下，发出聘任通知后，HR 人员又拒绝录用的情况极为少见。企业发出聘任通知且求职者已经收到时，聘任通知就已生效，具有法律效力，企业不得撤销，一旦撤销，就构成了《中华人民共和国劳动合同法》中的违法解除劳动合同的情形，就可能会引起仲裁。

虽然《中华人民共和国劳动合同法》中并没有规定入职邀请函（或称聘任通知等）的法律性质，但法律界倾向于将其视同要约文件。所以，企业不按要约中写明的条件与受要约方签合同的行为，违背了《中华人民共和国劳动合同法》中的诚实信用原则，如果求职者主张，企业可能会被判决承担缔约过失责任，赔偿求职者的实际损失。

深圳一家公司要求新员工进行入职体检，其中有一位求职者拿到了聘任通知，按照要求进行了入职体检后，报告显示员工健康状况不佳，存在有用工风险的疾病，在公司工作会带来隐患。

该公司想辞退该员工，但已经发放了聘任通知，认为因入职体检报告情况不好而拒绝员工入职，显得公司很苛刻，影响公司形象，因此该公司进退两难。

从这个案例我们可以看到，企业在发送聘任通知过程中，应注意以下 4 个方面，避免出现拒绝录用的现象。

1. 走完内部审批流程后再发送聘任通知，这是再次确认录用决策。但有些企业内部录用审批流程复杂耗时，这就需要 HR 人员在做流程节点设计时，找到风险防范和快捷高效之间的平衡点。

2. 针对中高层岗位、研发岗位及财务采购岗位这些敏感、重要的岗位，HR 人员在发出聘任通知前进行背景调查非常重要。这能帮助 HR 人员发现

很多在面谈过程中未关注到的问题，从而有机会在录用前进行确认和澄清。

3. 明确要求求职者在指定时间内书面回复是否接受聘任通知，并明确规定：如果求职者未在指定时间内书面回复，则聘任通知失效，避免求职者拖延入职时间。

4. 尽量明确聘任通知生效的条件，要在函件里说明关键要求或特别要求。比如，企业对身体素质的要求较高，就可以在聘任通知中注明只有在企业书面确认体检合格后，聘任通知才能生效。

HR 人员尽量在发出聘任通知前就做好准备，以免发出后出现问题，企业承担法律责任。

绩效篇

制订计划、辅导、考核、反馈、改进，缺一不可

第 7 章
制订绩效计划：凡事预则立，不预则废

绩效管理的过程常常被看作一个循环，这个过程分为 5 个环节，即制订绩效计划、绩效辅导、绩效考核、绩效反馈与绩效改进。其中，制订绩效计划是绩效管理的开端，也是进行绩效管理的基础。

7.1 按照步骤制订绩效计划

制订绩效计划作为绩效管理的基础，一定要做到全面且细致，这就要求制订绩效计划要按照合理的步骤进行。

7.1.1 界定岗位职责

界定岗位职责是制订绩效计划的首要环节，它是公司整体战略的一部分。

企业各部门间、各岗位间的职责混乱、推脱、扯皮等不良现象，以及员工低效、工作结果同期望差别较大等现象，往往是界定岗位不清而引发的问题，而界定岗位职责就能避免员工职责模糊、领导管理失效等问题。

在界定岗位职责时需要解决“6W1H”问题，涉及岗位做什么（What）、用谁做（Who）、为什么做（Why）、什么时间做（When）、在什么位置做（Where）、为谁而做（for Whom）、如何做（How）。

例如，我们可以通过“6W1H”原则来界定招聘岗位的职责，即确定以下几个方面：

做什么（What）——招聘员工

用谁做（Who）——专业的招聘人员

为什么做（Why）——公司职位出现空缺

什么时间做（When）——高校求职季

在什么位置做（Where）——到学校招聘等

为谁而做（for Whom）——为公司招聘到合适的人才

如何做（How）——开展校园宣讲会

通过对以上几个方面的分析，我们可清楚地了解招聘岗位的职责。

目前的企业在岗位体系构建时，有两方面的权重较高。

一是确定岗位的定位，一个公司岗位的定位与这个公司的战略、组织结构、业务流程都具有密切关系。

二是在进行岗位设计时应有的职责梳理工作，这方面工作占到整个岗位分析重要性的 80%。

在前期的绩效管理中，HR 人员会花费大量的时间和精力来界定岗位职责，并通过职位说明书输出成果。但由于企业战略不清、结构不合理等因素的影响，岗位职责会频繁发生变化。这就需要 HR 人员在制订绩效计划时，不断调整和更新岗位职责，使得绩效计划更切合员工实际需要。

7.1.2　建立绩效指标

有了具体的岗位分工后，就需要制定绩效指标进行有效引导，如今的绩效指标制定以“SMART 原则”为标准，即要做到具体、可衡量、能完成、有相关性、有时限。那么绩效指标该如何建立？

1. 建立具体的绩效指标

“SMART 原则”的第一要点是 Specific，也就是说，绩效指标必须是具体的、切中特定的工作指标，而不是笼统的。

要强调两点内容，一是绩效指标的设定不能过于宽泛，二是绩效指标的设定不能过于主观。具体而客观才能让员工按照绩效指标的要求去实践。

2. 建立可衡量的绩效指标

“SMART 原则”中的第二个要求就是 Measurable，即可衡量。可衡量就说明指标应该是非常明确的，有量化的标准，员工可以参照执行。比如，给出一组详细而真实的数据，以此作为衡量接下来的绩效的依据。如果绩效指标无法衡量，那么也就无法判断其能否实现。

3. 建立能完成的目标

“SMART 原则”中的第三个要求就是 Achievable，即能完成。这里强调一个“能”字，也就是员工可以凭借自己的实力和努力来完成这个绩效指标。合理的绩效指标既能激发员工的积极性，又不会让员工感觉到过于苛刻。

4. 建立有相关性的绩效指标

“SMART 原则”中的第四个要求就是 Relevant，即人与目标、目标与目的之间有相关性。如果目标脱离了目的，就是南辕北辙，无法达到绩效指标管理的目的。

目标的相关性就是要建立目标与目的之间的联系，如果设置的这个目标，与目的不相符或关联性很低，就会失去意义。

5. 建立有时限的目标

“SMART 原则”中的第五个原则 Time-based 强调目标要有时限。例如，合同上要求工程在 2019 年 6 月 31 日前必须完工，承建公司就要按照这个日期施工，做出进度安排。在制定绩效指标时，就要将时间限制这一条件加进去。

在制定员工绩效指标时需要遵循“SMART 原则”的 Time-bound 要求，对指标的达成设置时间限制，就时间节点做出相应的工作安排，保证按时完成工作。

设置时限以后，就要拟定出完成目标项目的时间要求，并且及时检查项目进度，以及项目变化情况。

“SMART 原则”就是将绩效指标从各个角度进行深度剖析，绩效指标切合实际，员工有热情，才能更好地完成工作。

7.1.3　明确绩效指标的权重

权重是绩效指标体系的重要组成部分，通过对每个被评估者的职位性质、工作特点及对影响业务的因素的分析，能够确定关键绩效指标、工作目标设定及各项指标在整个指标体系中的重要程度，设计相应的权重。

以某公司对 HR 人员的绩效考核为例来分析权重的重要性。该公司针对 HR 人员的绩效考核制定了工作业绩、职业素养、工作态度等多个方面的绩效指标。其中，工作业绩又分为招聘工作完成率、劳动合同管理、薪酬核算准确率、人事档案归档率 4 个子指标。

假如 4 个子指标的权重各占 25%，就说明 4 个子指标对于 HR 人员来说一样重要，每一项指标对于他的工作业绩分数影响都是一样的；假如 4 个子指标权重为 5:1:3:1，就说明在 4 个子指标中，对于 HR 人员来说最重要的是招聘工作完成率，在进行绩效考核时，该项指标对于工作业绩分数的影响也是最大的，也就说明该公司对 HR 人员工作业绩的要求重点在招聘工作完成率上，其次是薪酬核算准确率。

显而易见，权重的设定体现了公司对于某个具体工作岗位的重点要求，相同的工作岗位，设定的职责权重不同，员工在日常工作中的侧重点也会有所不同，这将决定公司能否顺利实现战略目标。

对于 HR 人员来说，明确权重就能抓住实现战略目标的关键因素，合理、有效地分配有限的资源，避免“一刀切”。如图 7-1、图 7-2 所示，不同的公司，由于自身情况的不同，战略目标也会有所不同，这也就需要公司结合实际情况来分配各项指标的权重。

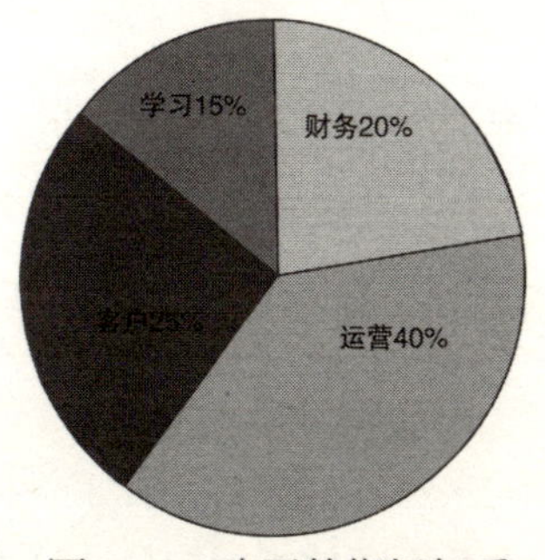

图7-1　A公司的指标权重

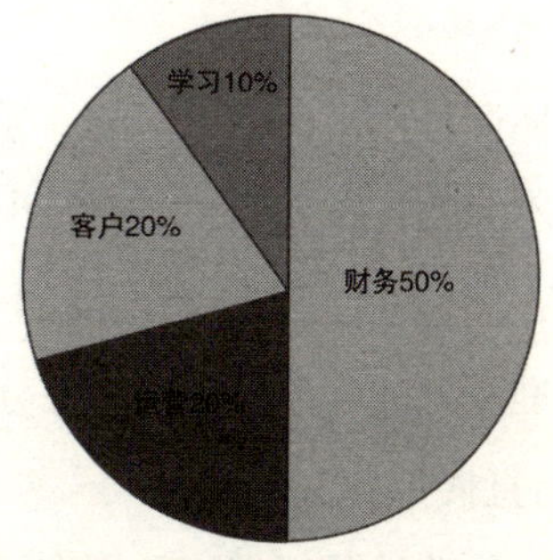

图7-2　B公司的指标权重

如图 7-1、图 7-2 所示，在 A 公司的指标中运营权重达 40%，表明 A 公司十分看重运营。而在 B 公司的所有指标中，财务占了总权重的 50%，远高于运营、客户的比重，表明 B 公司十分重视财务。通常来说，HR 人员要想做到合理、有效地分配资源，就要主抓一两个目标。在不同的发展阶段，指标权重也应当有所不同，因此，公司制定的指标权重并不是一成不变的，而是要定期做出调整。

科学、合理地制定指标权重可以将不同工作岗位的职责和要求区分开来，使绩效计划更加具有指向性和科学性，同时，能够使员工更明白自己应当做什么，从而使公司运行更加有效率。

7.1.4 确定绩效得分标准

什么是“好”，什么是“差”，每个人心中有不同的评判标准，如果有明确的绩效得分标准来评价员工表现的优劣，说服力就会强很多。

在计算员工绩效得分的方法中，比较常用的有以下 3 种：线性增减法、阶梯评分法和直接扣分法。

1. 线性增减法

线性增减法是指根据员工的绩效指标完成情况，给予相应的分数。比如给销售员的绩效指标完成情况打分，可使用这个计算公式：销售当月完成的目标任务百分比 = 销售员当月实际完成销售量 / 销售员当月目标销售量，当计算结果为 1 时，得分为 100 分，每少 1 个百分点扣 1 分，每多一个百分点加 1 分。

2. 阶梯评分法

阶梯评分法是指将不同的结果按顺序排列出不同的阶梯，不同阶梯内的结果有不同的计算方式，以此得出不同的评分。阶梯评分法根据任务完成的结果、所处不同的位置，有不同的分数计算比例。阶梯评分法包括基准标准、达标标准及挑战标准 3 个阶梯评分标准。

3. 直接扣分法

直接扣分法是根据打分标准要求直接为负面绩效指标扣分，这种计分法没有加分。比如对于客服人员以“客户投诉次数”为绩效指标，满分分值为 10 分，被投诉一次扣 2 分，扣完为止。如果客服人员整个考评周期都没有被投诉，他就可以得 10 分。

另外，HR 人员在确定绩效得分标准时，要明确以下几点：

1. 绩效得分标准应根据工作来确定，而且每项工作的绩效得分标准应只有一个。

2. 绩效得分标准涉及的项目应在员工个人的控制范围内，而且通过员工的个人努力就可以把握。

3. 绩效得分标准要经过协商，主管与员工都认为该标准的确公平合理，它才能发挥激励作用。

4. 绩效得分标准要尽可能具体且可衡量，要知道，“凡是无法衡量的，就无法控制”。

HR 人员确定了绩效得分标准，才能保证绩效真实、有效，不会脱离实际。

7.1.5 检查指标和目标的一致性

绩效目标是指给评估者和被评估者提供所需要的评价标准，以便客观地讨论、监督、衡量绩效。员工的绩效目标是有效绩效管理的基础。

绩效指标是对绩效目标的分解，整体的绩效目标可以被分解为若干个绩效指标。各绩效指标的达成才会促使绩效目标达成。

HR 人员在制订绩效计划时，需要对绩效指标和目标的一致性进行检查，以保证两者统一，绩效计划不会出现偏差。那么，如何制定绩效指标才能保证与绩效目标的一致性？有以下几个方法。

1. 不同层级人员绩效指标制定的原则不同

针对高层人员，可类似于公司战略指标的制定，使用平衡计分卡从财务、客户、运营、学习 4 个方面进行个人绩效指标的制定。而对于一般的基层人员，更多地从具体的岗位职责进行指标的提炼。

2. 绩效指标不同于工作计划，需要严格遵循“SMART 原则”

不论是公司、部门还是个人的绩效指标，指标的个数在 5 ~ 8 项之间最为适宜，太多就会成为具体的工作计划，也会冲淡绩效指标的导向作用。

3. 背后支撑绩效指标的是公司的相关制度、规范

许多 HR 人员在制定绩效指标时试图把所有的工作要求、规范都逐项体现在绩效指标中，这是一种认识的误区。一定要记住：绩效管理不是唯一的，不是万能的，不能代替一切，必须与制度管理、团队管理、计划管理等结合起来。

4. 绩效指标的确立要经过“先建立后完善”的过程

组织建立公司战略指标、部门及个人绩效指标时，应先从流程、技巧上要求各级主管掌握，然后以此为基础逐步优化绩效指标，尽量使其简洁、有效。

5. 绩效指标一定是管理者与员工双方沟通后确认的指标

在分解与建立指标时，上级主管一定要与员工进行充分的沟通，使员工认同个人绩效指标。如果缺少双方沟通确认绩效指标的环节，未达成一致的意见，绩效管理也就失去了最初推行的意义。

绩效计划是为了帮助员工更好地达成绩效，保证绩效指标与目标的一致性，就是保证绩效计划的有效性。

7.1.6 设计能力发展计划

具体的绩效计划包括很多方面，但其中最重要的一点是为员工设计能力发展计划，以具体技能知识的方式，将企业对员工能力的要求落实到位，让员工明确实现其绩效指标需要发展什么样的能力，如何发展，并形成持续不断、协调一致的发展道路。HR 人员必须能够透视员工，要求有以下 3 个方面：

- 透视员工希望从能力发展计划中获得什么；
- 透视员工的能力和不足；
- 透视员工的价值观及其是否与当前职业相匹配。

HR 人员在结合了员工岗位需求及个人发展意向后，双方经沟通达成促进员工自身素质、技能提高的发展计划，包括参加培训、特别指导、指派特别项目、提供高难度岗位、岗位轮换等。但在大多数企业中，为员工设计的能力发展计划千篇一律，没有任何实用性。

丰田公司流水线上的新员工会被立即分配到由同事组成的自我管理工作小组之中，小组中的同事具有高技能和强大工作动力。这些新员工必须向同事学习，快速成长为生产效率高的小组成员。这就是通过为员工提供具有挑战性的工所带来的能力提升。

HR 人员在设计能力发展计划的同时，还需要制订并填写相应的表格，如表 7-1 所示，以便于 HR 人员对计划执行效果进行跟踪，并对计划进行调整。

表7-1　能力发展计划表

<table>
<tr><td rowspan="2">部门</td><td>被考核人</td><td></td><td>岗位</td><td></td><td>自评日期</td><td></td></tr>
<tr><td>考核人</td><td></td><td>岗位</td><td></td><td>评价日期</td><td></td></tr>
<tr><td colspan="7">能力发展活动</td></tr>
<tr><td>能力类型</td><td colspan="2">需要发展的能力</td><td>培训课程</td><td>上级辅导</td><td>完成时间</td><td>衡量标准</td></tr>
<tr><td rowspan="2">核心胜任能力</td><td colspan="2"></td><td></td><td></td><td></td><td></td></tr>
<tr><td colspan="2"></td><td></td><td></td><td></td><td></td></tr>
<tr><td rowspan="2">专业能力</td><td colspan="2"></td><td></td><td></td><td></td><td></td></tr>
<tr><td colspan="2"></td><td></td><td></td><td></td><td></td></tr>
<tr><td colspan="7">上级意见：
讨论日期：
被评价人：　　　　　　　　　　直接上级：</td></tr>
<tr><td colspan="7">跟进记录（本计划应按照季度进行回顾、检查）：</td></tr>
<tr><td colspan="7">备注：
1. 请直接上级与员工一起制订能力发展计划表；
2. 根据核心胜任能力的最终评价结果，评分在2分以下（含2分）者，均属个人需要发展的能力；
3. 需要发展的核心胜任能力中的培训课程请参见《培训课程介绍》，专业能力发展请参照HR部门和各部门培训计划。</td></tr>
</table>

7.2 围绕三要素实施绩效计划

绩效计划制订完成后，下一步就是实施绩效计划，HR 人员要围绕 3 个原则来具体实施，分别是：全员参与，用心对待；职责明确，重点突出；信息透明，及时沟通。

7.2.1 全员参与，用心对待

在绩效计划的实施过程中，HR 人员一定要努力实现员工、各级管理者和管理层多方参与，即全员参与。这种参与可以暴露各方的潜在利益冲突，以便 HR 人员及时解决，从而确保能更加科学合理地实施绩效计划。

韩元是一家民营企业的 HR 主管，该企业主营眼镜框制造，现在规模逐渐扩大，目前有近 200 名员工。该企业从 2018 年 3 月开始推行绩效管理，实施了近一年的时间，现在管理出现各种问题，离职率不断上升。

韩元调查后发现，自从实施绩效管理后，员工的束缚感越来越重，意见很大，HR 人员也对考核不认真，绩效管理起不到应有的作用，每次制订好的绩效计划都被束之高阁。

面对这种情况，韩元应该怎么做？最好的做法是实现全员参与。绩效管理是一个系统工程，上至高层领导，下至基层员工，在绩效管理推进过程中都承担着相应的责任，尤其在实施绩效计划的时候。HR 人员应如何实现全员参与？如图 7-3 所示。

图7-3 HR应如何实现全员参与

1. 决策层的责权

企业的高层管理者和决策者是企业战略的制定者，负责绩效计划实施时资源的配备。

2. HR 部门的责权

HR 部门协助各部门，负责企业战略目标的分解及监督执行，制订和修改企业统一的绩效计划，监督各部门绩效计划执行工作的进行，并提供必要的咨询和培训。

3. 部门负责人的责权

绩效管理始于计划，部门负责人要把企业总目标分解到本部门并向下分解，并建立管理者与员工之间的绩效合作伙伴关系，协助员工解决绩效计划中的问题，明确改善的方向。而基层员工是绩效计划最重要的执行者，企业的每位员工都是“破窗”之人，通过绩效计划形成好的习惯、好的行为，为企业带来源源不断的动力。

没有一套绩效计划适合所有的企业与员工，绩效计划须随着企业战略目标的改变而改变，因此，只有全员参与，用心对待，才能真正发挥绩效计划的实际作用。

7.2.2 职责明确，重点突出

企业在围绕三要素实施绩效计划时，除了要做到全员参与，用心对待外，还需要做到职责明确，重点突出。

1. 职责明确

职责明确是分解和设定指标的前提。在实施绩效计划时，HR 人员应先做好岗位分析工作，明确被考核员工的岗位职责和工作内容，并根据岗位职责和工作内容确定主要考核指标。

同时还要与被考核员工进行深入沟通，双方就“应该做的事”及“应该完成的事”等问题进行充分沟通，彼此之间达成共识。

与薪酬系统不同，绩效计划是针对每个职位而设定的。这就要求绩效计划的内容、形式和目标要充分考虑到不同业务、不同部门中类似职位各自的特色。

2. 重点突出

在实施绩效计划时，还要遵循重点突出原则。很多企业在设定绩效计划时，往往想要做到面面俱到，以避免员工只关注考核项目，但这种做法并不完全正确，指标的设定应该少而精，真正体现企业整体目标。

在企业中，员工担负的工作职责越多，工作成果也就越多。在实施绩效计划、设定指标时要突出关键、突出重点，选择那些与企业价值关联度大、与职位职责结合更紧密的绩效指标，而不是将整个工作过程具体化。

7.2.3 信息透明，及时沟通

实施绩效计划的第三个要素是信息透明，及时沟通。

1. 信息透明

信息透明是绩效计划的公正性与公平性的保障，在实施绩效计划时，HR 人员应主动与被考核员工沟通，让双方都能及时了解绩效计划的执行情况，让员工清楚地了解自己的改善方向。

企业要想实现绩效计划的透明性，需要将绩效计划信息化，由企业建立信息系统与绩效管理的接口。这不是传统考核资料的简单数字化，而是运用信息化技术与被考核员工实时沟通，加强日常绩效积累，公布绩效计划完成进度，提高考核透明度，促进考核的公开、公平、公正。

2. 及时沟通

实现了绩效计划信息透明后，还有一个更为重要的工作，那就是沟通。

实施绩效计划是一个双向沟通的过程，沟通阶段是整个绩效计划实施的核心阶段。在这个阶段，HR 人员与被考核员工必须有充分的交流，与被考核员工就本次绩效计划期间内的工作目标和计划达成共识。

在实施绩效计划的过程中进行沟通的一种普遍方式是绩效计划会议。通过绩效计划会议，企业可根据员工的具体情况对绩效计划进行修改。

HR 人员和被考核员工应确定一个专门的时间用于绩效计划沟通，保证在沟通时不要有其他事情打扰，维持轻松的沟通气氛，不要给员工太大的压力，把焦点集中在沟通的缘由和应该取得的结果上。

在进行沟通时，HR 人员要注意自己与员工是一种相对平等的关系，员工最了解自己所从事的工作，是自己的工作领域的专家，因此在沟通时应更多地发挥员工的主动性，多听取员工的意见。除此之外，沟通一定要及时，企业内的工作都具有其时效性，不及时的沟通相当于没有沟通。

第 8 章 绩效辅导：突破难点，掌握技巧

绩效辅导是提升员工工作能力、实现绩效考核最终目的的重要手段。在进行绩效辅导时，HR 人员首先需要了解绩效辅导的难点和解决办法，同时还需要掌握绩效辅导效果优化的方法和辅导模式。

只有了解绩效辅导中的难点并突破难点，且掌握绩效辅导的优化技巧，HR 人员才可进行有效的绩效辅导。

8.1 绩效辅导的三大难点

在进行绩效辅导之前，HR 人员首先要明确目前绩效辅导的三大难点。只有明确存在的问题，才能真正做好绩效辅导。

8.1.1 难点一：与日常工作分离，主观性强

绩效辅导所面临的第一个问题是绩效辅导的主观性问题。具体表现为绩效辅导与日常工作分离，HR 人员工作忙，没有进行有效绩效辅导，以及 HR 人员盲目认为只有绩效差的员工才需要绩效辅导。

上海有一家主营房地产营销策划的公司，目前有 200 多名员工。该公司一直都采取季度绩效考核的方式，由于考核的周期较长，最终只以考核结果为重，几乎没有对过程的监督和辅导，因此大部分员工都无法完成考核指标。

为改变这一现状，这家公司的 HR 人员就在公司内部试行绩效辅导，以提高绩效，但实际上，这次改变并没有取得应有的效果，反而使一大批员工选择了离职。

究其原因就是这次绩效辅导与公司的日常工作的相关性并不强，且接受辅导的员工多是各项目组绩效最差的员工，这种针对性让员工产生了逆反心理，又因为辅导的 HR 人员不听取员工的反馈，固执己见，导致了员工离职。

从这家公司的案例中可以看出，HR 人员在进行绩效辅导时，要从实际出发，结合员工的日常工作对其进行辅导。

首先，HR 人员要明确，并非只有绩效差的员工才需要绩效辅导，绩效辅导适用于全体员工。

其次，HR 人员的绩效辅导要立足实际，根据员工的考核结果进行有针对性的绩效辅导。对于绩效考核成绩较差的员工，HR 人员要结合其日常工作，分析其工作中存在的问题并指出解决方法，帮助这些员工进步。对于绩效考核成绩优异的员工，HR 人员同样要对其进行绩效辅导，HR 人员可以详细地分析其日常工作，指出其工作中的不足之处，帮助这些员工进一步提高工作效率。

总之，HR 人员在对员工进行绩效辅导时，一定要从实际出发，结合员工的日常工作对其进行辅导，这样才能把绩效辅导落到实处，才能发挥出绩效辅导的作用。

8.1.2　难点二：平时不落实，总是临时抱佛脚

绩效辅导面临的第二个难点是时间性问题。很多企业的绩效辅导并不是一项长期坚持的工作，平时也没有进行辅导，到绩效考核时临时抱佛脚。除此之外，企业内对此也没有平时的沟通计划，一旦有需要，就直接上阵，按紧急事件处理，打乱员工的工作计划。

李林是北京一家互联网公司的 HR 人员，张力是该公司的 HR 主管。张力通过近几个月的绩效考核结果发现，李林的绩效直线下降，因此，他直接把李林叫到办公室进行绩效辅导。

由于事发突然，张力没有提前准备，只是按照固定的程序进行，结果在绩效辅导的过程中，李林很少开口，大多是在敷衍，辅导后的第二天，李林就提交了辞呈。

离职面谈时李林表示自己感受不到公司的重视，觉得部门领导敷衍自己，而且自己几个月前就遇到了工作问题，提交了辅导申请并无人理会，公司直到自己绩效下滑到最差的地步时才发现。

结合这个案例，我们可以发现，如果绩效辅导工作没有在员工最需要的时候进行，或者没有做好准备工作，只会引起员工的反感。

那么，要想成功做好绩效辅导工作，HR 人员要做好哪些准备工作？如图 8-1 所示。

图8-1 做好绩效辅导的准备工作

首先，HR 人员要制定好绩效辅导的流程，对绩效辅导沟通过程中可能发生的突发情况，想好应对方法。事先有了充足的准备，辅导过程将更加有保障。

其次，HR 人员要准备好相关的材料，主要包括员工上一期的绩效评估报表、员工的绩效完成记录、与 HR 人员和相关人员的沟通记录、员工的自我评价、员工的工作日志等。

在绩效辅导进行之前，HR 人员要将员工的资料熟记于心。如果 HR 人员没有做准备，不仅浪费辅导的时间，还会让员工对 HR 人员的工作态度产生疑问，不利于有效辅导。

总之，HR 人员在进行绩效辅导时，要把握好进行绩效辅导的时机，并做好充分准备，合适的时机与充分的准备不仅能够促进与员工的沟通，也加强了与工作的联系，便于员工把绩效辅导结果应用到工作中。

8.1.3　难点三：没有做到因材施教

绩效辅导的最终目的是解决员工在工作中遇到的问题，因此，它具有一定的教育意义，但现实中，很多企业的绩效辅导工作只是在走形式、随大流，流于表面，并没有实际效果。

真正有效的绩效辅导要根据辅导对象的具体情况区别使用辅导方法，采用引导教学的方法让员工明白如何做，提高员工主动思考的能力，也就是因材施教。HR 人员具体应该怎么做呢？

要做到因材施教，最重要的是要找准需要绩效辅导的员工的类型，如表 8-1 所示，HR 人员在对员工进行绩效辅导时，应当做到有的放矢，针对不同的绩效辅导对象，采取不同的辅导策略。

表8-1　针对不同类型员工开展绩效辅导的策略

员工类型	绩效辅导策略
进步较大者	1. 及时给予适当的正面激励并向其他员工公布其绩效成绩，树立榜样； 2. 适当提供更多具有挑战性和风险的工作； 3. 加强绩效沟通，制定长期的职业生涯规划
有所进步者	1. 了解员工的长处并分析导致绩效进步的主要因素； 2. 与员工共同制定能够继续提高绩效的方式方法； 3. 继续关注员工的工作进展情况，必要时提供相关的辅导和培训
未尽全力者	1. 了解员工未尽全力工作的原因； 2. 探求员工的优势所在和兴趣所在，以此为切入点进行激励和辅导； 3. 根据员工的需求调整工作目标和绩效指标
表现退步者	1. 了解员工绩效退步的原因； 2. 日后的绩效管理中加强工作检查和绩效反馈； 3. 提供更多有针对性的绩效辅导； 4. 与员工共同寻找阶段性的提高绩效的方式、方法

如表 8-1 所示，员工类型大致分为进步较大者、有所进步者、未尽全力者和表现退步者 4 个类型，HR 人员需针对其不同类型使用不同的辅导策略。在对不同类型的员工进行辅导时，HR 人员要做到以下两点，即了解造成绩

效考核结果的详细原因并根据原因进行引导，努力推动员工的提升和发展。

8.2 绩效辅导的“四字箴言”

在了解了绩效辅导面临的三大难点后，就要思考如何解决这三大难点，这需要 HR 人员了解绩效辅导的“四字箴言”，即看、听、教、帮。做好这四方面的工作，有助于 HR 人员解决绩效辅导中的难题，推动绩效计划的顺利实施。

8.2.1 看：观察绩效风险，及时预防

绩效辅导是 HR 人员与员工之间面对面的交谈，紧紧围绕着员工最近的工作，并要为以后的工作提出相应的建议与解决办法，因此，绩效辅导具有前瞻性的特点。

通过绩效辅导，HR 人员能观察到员工可能出现的绩效风险与问题，在真正出现之前就找到解决办法，做到及时预防。

除此之外，还能将 HR 人员与绩效辅导联系在一起，HR 人员能更准确地把握员工的工作，建立良好的工作关系。当员工的工作与目标出现偏差时，HR 人员能及时对其进行纠正。

HR 人员在绩效辅导的过程中，要考虑以下几个问题，以分析员工是否存在绩效风险。

- 员工工作的进展情况。
- 员工工作时碰到的问题。
- 员工目前的工作结果与预期目标的匹配度。
- 员工目前的工作状态。

绩效辅导的根本目的是对员工实施绩效计划的过程进行有效的管理，只要过程在可控范围之内，结果就不会出现太大意外。

同时，为了预防绩效风险，还需要 HR 人员进行绩效信息的收集和分析

工作。

1. 通过员工的各项工作报告和总结，来分析绩效目标的达成情况。

2. 通过观察法、工作记录法及同事反馈，收集员工绩效突出或低下的具体证据，并进行归因。

3. 通过调查法，找到对分析问题有帮助的数据。绩效辅导的根本目的是提高和改进绩效，而绩效的好坏直接体现在数据上，数据是衡量绩效最有力的标准。

因此，HR 人员在对员工进行绩效辅导时，要指导员工将绩效归纳、整理成真实、完美的数据。归纳、整理数据的过程，也是员工提升绩效、提升分析能力的过程。

4. 收集和分析数据不是为了给员工记黑账，也不是为了秋后算账，而是便于 HR 人员在分析的同时，及时找到并指出员工存在的问题，帮助员工及时改正。企业的 HR 人员在进行绩效辅导时，要牢记这一点。

8.2.2　听：了解员工的工作思路

绩效辅导“四字箴言”的第二个字是“听”，即通过与员工的沟通，了解员工的工作思路，判断员工改进的可能性、对自己目前工作的认知等。

目前很多企业都把绩效辅导等同于警告或批评教育。在绩效辅导时，主动权放在 HR 人员手里，完全由 HR 人员把控绩效辅导的内容，通过辅导的形式直接告诉员工工作中出现的问题，强硬要求员工抓紧时间进行改进，却并不关心出现问题的原因是什么、采取什么措施进行改进。

这样的辅导方法看起来效率高，可在最短的时间内完成相关工作，但实际的效果并不能令人满意。最好的绩效辅导是让被辅导员工自己来谈看法，主动问询公司的大动向，这样 HR 人员才能顺利地与员工进行沟通，找到存在的问题。

为了做好绩效辅导这一环节的工作，HR 人员需要把主要精力放在工作上，公正客观地分析员工是因为态度还是因为工作能力导致问题的产生。

在辅导的过程中，HR 人员应尽量做到多倾听，少说教。HR 人员要平等对待员工，可以首先让员工进行问题分析，认真听取员工对工作的分析和看法，并针对问题谈一谈改进的建议。

HR 人员通过倾听员工对问题的分析，可以直观地看到员工的分析是否到位，与自己的看法是否有偏差，提出的改进措施是否有效、是否符合规定等。

在这种情况下，HR 人员就可以根据员工的看法适时调整、补充并完善具体的绩效辅导内容与方法，做好引导，一步步把员工领到正确的轨道上来。在引导过程中，尽量避免强制或施加过多的压力，尽量通过理性引导，让员工自己找出问题，找到答案，回到正轨。

通过倾听员工的分析，能让 HR 人员与员工互通有无，从而完善对问题的看法，双方共同努力解决工作问题，实现绩效辅导的目标。

8.2.3 教：传授方法，推动绩效改进

绩效辅导“四字箴言”的第三个字是“教”，顾名思义，在绩效辅导的过程中，HR 人员要为员工就遇到的问题提供解决方法，引导员工解决问题，改善工作方法，改进绩效，进而提高自己的工作效率。

上海一家做电商运营的公司最近遇到了这个问题。公司的负责人非常困惑：“为什么前期工作做得那么充分，花了那么多的时间探讨战略目标、探讨目标分解、探讨行动计划，每个员工的考核指标都定得很清晰，双方达成了共识，最终考核结果仍然不能令人满意？为什么绩效辅导实施了那么久，员工还是不能自动自发解决遇到的问题？”

这位负责人为了找出存在的问题，在无人知晓的情况下，观看实时的辅导录像。最终他发现，问题就出在绩效辅导的过程中，辅导的 HR 人员只是对员工目前的问题做了总结，并没有向员工传授解决问题的方法，绩效辅导也就没有实际效果。

从上述案例中我们可以看出传授方法的重要性，“授人以鱼不如授人以渔”。具体应该怎么做？有 4 个层次，如图 8-2 所示。

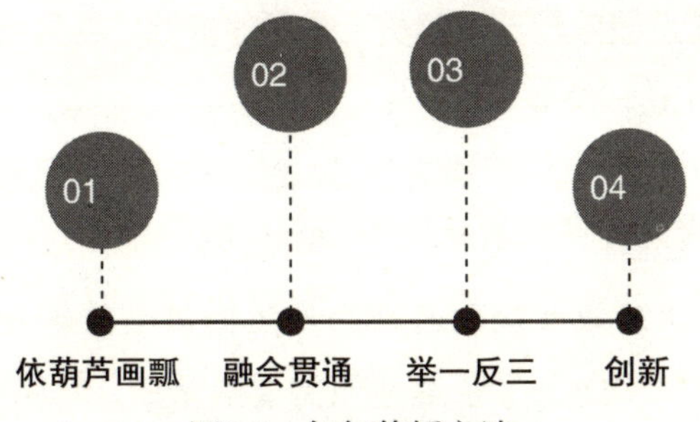

图8-2　如何传授方法

1. 依葫芦画瓢

HR 人员为员工进行辅导时，一般进行简单的问题口头沟通即可，但对于比较复杂的问题，管理人员最好先“为员工做一次示范”，然后“手把手教员工做一次”，让员工可以依葫芦画瓢，最后“观摩员工做一次”。当然这不是必须遵循的流程，HR 人员可根据实际情况进行调整。

2. 融会贯通

通过第一步的辅导，员工基本能掌握解决问题的方法了。此时 HR 人员应与员工进行进一步沟通，互相分享心得，使员工明白采用这种解决方法的原因。

3. 举一反三

通过前期的教学和心得分享，引导员工自主学习，分析问题，解决相似问题，从而提升员工解决问题的能力。

4. 创新

通过员工的实践、总结及管理人员的示范、分享，鼓励员工打破常规方法，进行创新。

经过这 4 个层次，员工就能通过绩效辅导获得解决问题的能力，并不断提升自己。

8.2.4　帮：尽力提供资源支持

绩效辅导“四字箴言”的最后一个字是“帮”，简单来说，这一环节就是在员工无法独立完成绩效目标，或因外部环境变化无法完成绩效目标的情况下，HR 人员通过绩效辅导了解员工需要的资源，并为员工提供必要的资源支持，帮助员工达成绩效目标。

深圳有一家做广告营销策划的公司，目前有 100 多名员工，公司一直都采用月度绩效考核的方式，最终只以结果说话。

这家公司每次绩效考核后都会为员工提供绩效辅导，要求 HR 人员在辅导的过程中主动向员工了解他们需要的帮助，尽可能为员工提供资源。因此，这家公司大部分人员都能达到绩效考核目标，公司的发展也蒸蒸日上。

在实践中企业要想做到尽力为员工提供资源支持，需要以下几个步骤，如图 8-3 所示。

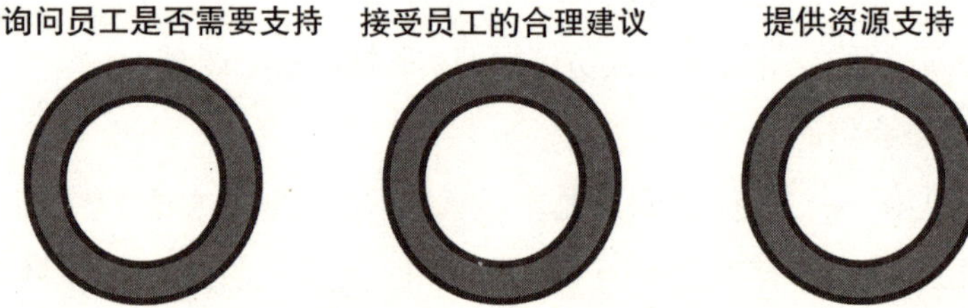

图8-3 企业如何为员工提供资源支持

1. 主动询问员工是否需要支持

在绩效辅导的过程中，HR 人员要主动询问员工是否需要一些帮助和支持。有些员工认为，向公司寻求资源支持是在与公司谈条件，所以并不愿意直接跟 HR 人员谈论这些内容，因此 HR 人员应主动询问。

当 HR 人员主动询问员工需要什么帮助或支持的时候，员工可能会说出一些意想不到但非常有价值的信息。

2. 接受员工的合理建议

当员工提出自己需要的资源时，HR 人员不要一味否定员工，要以员工的看法为主，分析其可行性，明确表示会提供必要的帮助，让员工能安心工作，同时接受合理的部分，共同改进工作。

3. 提供资源支持

员工受到自身职能和权力的限制，在工作过程中，遇到资源不足的情况时，难以调动资源满足需要，但有些资源是实现工作目标所必需的。因此，

HR 人员要根据员工的建议，结合企业的实际情况，向员工提供必需的资源支持，协助其实现绩效目标。

通过以上步骤，可以充分发挥绩效辅导促进员工绩效提升的作用，达到企业的发展目标。

8.3　如何优化绩效辅导的效果

在明确了绩效辅导面临的难点及相应的解决方法后，HR 人员需要思考的就是如何优化绩效辅导的效果，使用一些小技巧可以帮助 HR 人员优化绩效辅导的效果。

8.3.1　选择合适的时间，控制时长

优化绩效辅导效果的第一个技巧是控制好绩效辅导的时间。

HR 人员在对员工进行绩效辅导时，首先要选择合适的时间，不合适的时间会对绩效辅导产生负面效果。最好定在 HR 人员和员工双方都有时间，能够全身心地投入并不被其他事情打断的时间段。同时要合理安排每个员工的时间，不要过于紧凑。

有很多企业的 HR 人员都是在本部门催交绩效辅导结果的时候，才会仓促而快速地与部门中的员工进行这项工作，这样只是在走形式。

其次 HR 人员要控制好绩效辅导的时长，绩效辅导的时长对于最终的辅导效果有很大影响，辅导的时间长短要适宜，过长会引起疲惫，过短则不能充分交流。

一般情况下，普通员工的辅导时间以 30 ~ 45 分钟为最佳，中层主管以 60 ~ 120 分钟为宜。

要想实现对时间的把控，需要企业的 HR 人员充分掌握绩效辅导的流程，严格把控每一环节的时间，具体流程如下：

1. 说明辅导的目的和作用，使辅导针对性强、沟通顺畅、消除员工的

疑虑。

2. 沟通绩效考核结果，向员工明确评价标准，逐项说明考核结果及绩效等级，沟通过程中给员工发表自己看法的时间和机会。

3. 肯定员工，使员工感觉到 HR 人员对自己工作的评价是全面客观的。

4. 指出员工的不足，但不要评论这些不足是否应该存在，以及其他员工对这些不足的看法，避免因此导致员工把较长时间用于对这些问题的解释说明上，影响辅导的时间和效果。

5. 制订改进计划。HR 人员与员工共同制订改进计划，设定下一绩效考核周期的绩效目标，使绩效管理形成循环。

6. 总结面谈要点，与员工一同对辅导结果确认签字。在辅导结束时 HR 人员要调整好员工的心情，使员工以积极的态度结束辅导。

各项辅导程序完成后，HR 人员应立即停止面谈，避免时间过长导致辅导出现反效果。

8.3.2 创造和谐友爱的辅导环境

优化绩效辅导效果的第二个技巧是创造和谐友爱的辅导环境。有一个和谐友爱的沟通氛围，是做好绩效辅导的第一步。

首先，HR 人员不要摆出一副高高在上的姿态，自恃领导身份，而是应该多点微笑与亲和力，在员工到来时与员工握手，鼓励员工畅所欲言。让员工明白，HR 人员与自己是伙伴的关系，处于平等的地位，是为了解决绩效问题而真诚地沟通。

在实际的辅导过程中，经常会出现一种情况，就是 HR 人员只注重自己的话，不认真听员工的表达，完全没有接收到员工语言中的关键内容。这种行为完全忽视了员工的主观能动性。

HR 人员作为辅导人员，大部分时间是一个倾听者，因此，HR 人员应该适当地点头，或者适时与员工进行目光接触，以表明自己对员工的谈话内容有兴趣，自己在用心倾听。

除此之外，辅导时双方的位置也会影响辅导氛围。双方距离要适中，距离太远影响信息传递，距离太近会让员工感到压抑。位置上 HR 人员与员工可在桌子一角成 90° 而坐，这样能够避免目光直视，缓和紧张氛围。

在绩效辅导时，HR 人员应尽量避免出现小动作，比如一边听员工表达一边看电脑、手机，随意打断员工讲话等。

HR 人员应主动关闭自己的手机或将手机调至静音状态，同时向员工补充说明电话太多会影响面谈，引导员工主动关闭自己的手机，为面谈做好免打扰的准备。而且这一互动还能拉近 HR 人员与员工的距离。

一般情况下绩效辅导的地点都是公司的办公室，因为办公室是一个相对严肃、适合谈话的场所。但办公室也有一些局限性。首先，办公室经常会有访客；其次，办公室会让员工有明显的上下级谈话的感觉，造成层级上的压力。

因此 HR 人员也可以在咖啡厅等气氛相对轻松、适合谈话的地方与员工进行这项工作，在这样的环境中员工会更放松，更容易表达出真实的感受。

具体选择哪一类型的地点需要 HR 人员根据实际情况决定。

8.3.3　重视赞赏的强大威力

在绩效辅导过程中，对员工的正面赞赏非常重要，这是绩效辅导中最重要的技能，能否正确进行正面赞赏，决定了员工能否接收 HR 人员的反馈信息并在工作中调整自己。

北京一家公司的市场营销部门最近在进行绩效辅导，部门经理王明为了尽快完成工作，就减少了辅导流程，直接对员工赵柳说："小赵表现不错，非常敬业，最近连续加班，辛苦了，接下来好好休息一下，调整调整。"

这样的说法可能会让赵柳感激领导对他的关心，但这种感觉不会持久，过后就忘记了。

但如果将正面赞赏讲得具体一点，就更能激发员工的工作热情，让员工感受到自己的工作是被认可的，具体如下所示。

"小赵，最近你为了完成市场分析报告，连续加了一周的班，我看了你的报告，质量相当高，思路清楚、框架清晰、结构完整，市场展望部分更是紧密联系公司的实际，提出了相当有用的分析思路和解决办法，这对我们下一步的市场会议有很大的帮助，我想这个工作对你个人的发展而言也相当有帮助。”

这种对工作本身的赞赏才是员工愿意听到的。那么，在绩效辅导的过程中，HR人员具体应该怎么赞赏员工?

1. 认可员工过去的工作和表现。

2. 从员工所说的内容中找到可以赞赏的点，或提前想好员工值得赞赏的地方。

3. 讲明为什么赞赏，说出其影响性或者价值。

4. 不要附加条件。

HR人员一直批评员工这不好那不好，结束时还让员工自己好好想想，只会让辅导起反作用。既然事情已经发生，那么就直面事实，直面员工已经做出的结果，与员工达成改进优化的方案，给员工以鼓励，引导员工向着期许的方向发展。

HR人员除了在辅导过程中给予员工一定的赞赏，还可以将感谢或者激励的话语作为辅导的结束语，展现对员工的信心。

8.3.4 定期追踪员工的绩效情况

绩效辅导中一个非常重要的工作就是HR人员要定期追踪员工的绩效情况，了解绩效辅导内容的执行现状，适时调整行动计划。

企业的HR人员应持续记录员工的绩效，知道员工过去做了什么，现在正在做什么及下一步将要做什么。持续的评估和追踪能帮助HR人员调整自己的指令。

贺兰在一家研发机构担任HR部门主管。他有一名叫马丽的员工。马丽负责招聘工作，贺兰负责教会她招聘的流程并对她进行绩效考核。

“我和她梳理了一遍流程，她看起来已经掌握了工作。我每周都会在例会上询问她的工作进度。但我没有真正检查过她的工作，看她是否真的完成了全部流程。”贺兰说。

但几个月后，贺兰发现，马丽每天的工作时间过长，而效率很低。当贺兰意识到问题时，马丽的工作已经远远地落后于进度，她手中甚至还有很多应聘者没有安排面试和笔试。

最后，贺兰为马丽进行了一次绩效辅导，列了一个详细的检核清单，写明了招聘的每个步骤，让她每天都记录自己的工作量，最后终于完成了积压的工作。通过这样的方式，贺兰能实时查看马丽的工作，及时解决遇到的问题。

从上面这个案例中，我们可以看出定期跟踪员工绩效情况的重要性，它能让 HR 人员及时发现员工的工作是否真的在按照绩效辅导的内容进行。

那么，HR 人员应如何定期追踪员工绩效情况？有 4 种具体方法。

1. 观察员工工作。用最直观的方法观察。

2. 帮助员工进行自我监管。让员工观察自己是否实现了目标要求，工作是否符合项目计划进度。

3. 定期检查正在进行的工作。

4. 问问周边的人，比如顾客、同事、其他 HR 人员等，听得越多，就越能判断哪些消息可信。

作为 HR 人员，掌握的员工日常工作的情况越少，就越脱离员工，绩效辅导的效果就越差。

8.4　GROW 绩效辅导模型

GROW 绩效辅导模型是一种非常重要的绩效辅导模型，包括 Goal（建立目标）、Reality（了解现状）、Options（讨论方案）、Will（达成意见）4 个环节。

通过 GROW 模型，企业的 HR 人员能启发员工思考，帮助员工认识自己的能力，找到达到目标的方法，最终达到帮助员工成长的目的。

8.4.1 Goal：建立目标

第一个环节是 Goal，即建立目标。目标包括最终目标和绩效目标。建立最终目标是为了帮助员工明确大的理想和抱负，找到工作的意义；建立绩效目标是为了明确近期目标在员工的能力范围内，帮助员工通过短期努力达成目标。绩效目标支撑着最终目标的实现。

在这一环节，HR 人员要通过以下几个问题来帮助员工建立目标。

1. 岗位的目标是什么？
2. 在绩效考核结束后想要取得的结果是什么？
3. 长期绩效目标是什么？预计多久之后实现？
4. 在计划中，能确定的流程有哪些？
5. 想从这次辅导中获得什么？
6. 想和谁一起做成什么事？
7. 什么结果是理想的？
8. 想改变什么？为什么希望改变？
9. 如果你达到这个目标，会有什么好处？

通过这几个问题，员工与 HR 人员能清楚地找到这次绩效辅导的方向，然后双方就目标问题达成一致，以免后期出现不一致的问题，导致绩效辅导失败。

8.4.2 Reality：了解现状

第二个环节是 Reality，意为帮助员工了解现状。

建立了相应目标后，就需要对现实进行梳理，明确达成目标的有利条件、阻碍及努力方向。要帮助员工了解当前的情况，如发生了什么事、实际情况是什么及情况的严重程度等问题。

HR 人员在这一环节的关键点是要注意情绪的把控，不要像紧张的审讯一样与员工交谈。同时要给员工时间和机会让他自己考虑问题并思考答案。在这个环节，暂时不需要 HR 人员提出解决方案或分享自己的意见。

这一环节需要引导员工考虑并回答的问题有以下几个。

1. 现在的详细情况是什么？有怎样的影响或结果？
2. 最关心什么？有多关心？
3. 除你之外，谁还被这一问题影响？
4. 为实现目标，已经采取了什么行动？
5. 到目前为止，为达成目标已经取得了哪些进展？
6. 描述你现在所做的事情或工作。
7. 按从 1 到 10 的标准来衡量成功，你现在处在哪个阶段？
8. 为什么还没有达成目标？
9. 什么阻止了你达成目标？
10. 据你所知其他同事达到这个目标了吗？
11. 对于结果，你自身有多大的控制力？
12. 采取行动时，会遇到什么样的内部障碍或自身阻力？
13. 你已经有什么资源（技能、时间、热情、金钱、支持等）？
14. 你存在哪些不足？

8.4.3　Options：讨论方案

第三个环节是 Options，即讨论方案，HR 人员帮助员工找到可能的解决方案，是在明确了目标和现实的基础上进行的。只有找到了存在的问题，方案才能切实可行，绩效辅导才能有实际效果。

在这一环节，HR 人员要与员工一起明确员工可选择的解决方案有哪些，是 3 个还是 5 个，还有没有更多。这个环节最重要的一点就是不断追问可能性，尽可能地丰富方案，以便做出更好的选择。

以下问题可以使 HR 人员帮助员工找到、选择或形成相应的解决方案。

1. 目前存在什么选择？
2. 接下来需要你做什么？
3. 你的第一步可能是什么？
4. 需要做什么才能更接近目标？

5. 还能做什么？
6. 谁可以提供帮助？
7. 如果什么都不做，会发生什么？
8. 已经做了什么工作？
9. 最具挑战性的工作环节是什么？
10. 方案的实施需要哪些外部支持？
11. 关于这个方案，最好和最坏的结果有哪些？
12. 可以达到目标的所有不同方法有哪些？
13. 之前如何处理类似的情况？
14. 如果可以再来一遍，有新的工具和资源，你会做什么？
15. 准备采取哪一种方案？
16. 你觉得哪一种方案会得到最好的结果？
17. 这些方案中哪一个最吸引你，或者让你感觉最好？

HR 人员在与员工沟通解决方案时，要注意沟通是相互的。

8.4.4 Will：达成意见

GROW 模型的最后一个环节是 Will，也就是帮助员工下定决心，双方达成统一意见。当目标明确，现实已经梳理清楚，也已经讨论完可供选择的方案后，HR 人员就可以向员工提出以下几个问题了，比如方案的可行性如何，哪些方案可立即实施等，以便员工在绩效辅导结束后开展相应工作。

这一环节 HR 人员提出的问题具体如下所示。

1. 在实现绩效目标的过程中，你认为自己有什么不足？
2. 如何避免来自内外部的不利影响？
3. 你如何取得帮助？
4. 你希望别人如何支持你？
5. 在实现目标的过程中，你需要承担多大责任？
6. 你是否会考虑多承担责任？
7. 什么时候开始？

8. 现在要开始的一小步是什么？

9. 怎样判断自己是否已经成功？衡量尺度和标准是什么？

10. 你需要什么样的支持才能达成目标？

11. 这个方案能够达到什么样的目标？

12. 在采取解决方案或实现目标的过程中，有什么障碍？

13. 实施具体措施时，会不会出现阻力？具体是什么？

14. 怎样消除来自内外部的不利影响？

15. 需要让谁知道你的计划？

16. 在实现绩效目标的过程中，按照从 1 到 10 的尺度来衡量你的工作，你觉得你能得到多少分？

17. 什么因素阻碍它达到 10？

18. 为使其接近于 10，你会做什么或改变什么？

19. 选择哪个或哪些意见？

20. 现在你还想谈些什么？我们就这样结束了？

第 9 章 绩效考核：按流程走就不会出错

绩效考核是企业绩效管理的一个重要环节，是绩效管理过程中不可缺少的手段。绩效考核指企业对照工作目标和绩效标准，采用科学的考核方式，对员工的工作任务完成情况、工作职责履行程度和个人发展情况等进行评定，并将评定结果反馈给员工。

在这一过程中，绩效考核经常偏离原定目标，完全没有效果，但实际上，企业只要按照流程实施，绩效考核就不会出错。

9.1 设计绩效考核内容

绩效考核的最终目标是推动企业提高管理水平，提升员工的个人能力，充分发挥人力资源的能动作用。因此，企业在实施绩效考核时，为更好地完成这些目标，首先要设计好绩效考核的内容，这是绩效考核成功的基础。

9.1.1 工作业绩：有没有把工作做好

绩效考核第一点内容是工作业绩考核，考核的重点是有没有把工作做好。

工作业绩是衡量和判断员工工作做得好坏的考核维度，涵盖任务绩效、管理绩效、职能绩效和周边绩效 4 个内容。其中，任务绩效是指完成本职工作的任务量，管理绩效是指管理人员履行管理职能的结果，职能绩效是指部门职能完成情况，周边绩效是指岗位间或部门间的配合情况。

上海一家公司根据不同岗位，把公司员工分成管理人员、技术人员、业务人员三大类。三类人员分别使用 3 张不同的工作业绩考核表，每月考评一次。在第一次工作业绩考核的那几天，由于指标无法客观衡量，考核结果并不能让所有员工信服。

在 HR 部门的努力下，工作业绩考核坚持了 3 个月，基本上都是走形式，后来，公司决定取消工作业绩考核。

这次工作业绩考核之所以没有取得成果，究其原因，就是没有明确工作业绩的重点。不同岗位、部门的工作内容必然是不同的，这家公司将员工笼统地划分为三类，必然难以满足具体的工作业绩考核需要。

具体应该怎么考核？以某公司财务部门基层员工的工作业绩考核为例，如表 9-1 所示。

表9-1　某公司财务人员工作业绩考核表

<table>
<tr><th colspan="2">考核项目</th><th>要求</th><th>权重</th><th>考核内容</th><th colspan="4">考核标准</th><th>得分</th><th>备注</th></tr>
<tr><td colspan="2"></td><td colspan="3"></td><td>不合格</td><td>合格</td><td>良好</td><td>优秀</td><td></td><td></td></tr>
<tr><td rowspan="4">业务指标</td><td rowspan="2">账务处理</td><td rowspan="2">准确、及时、全面、合理</td><td rowspan="2">15%</td><td rowspan="2">1.针对各项业务及时记账，定期结账、对账；
2.按会计制度编写会计凭证，做到凭证合法、手续完备、账目健全、数字准确；
3.复核所有支出凭证是否合理、真实、准确、完整</td><td>延迟1天及以上</td><td>每月准时完成</td><td>提前1~3天完成</td><td>提前3天以上完成</td><td rowspan="2"></td><td rowspan="2">1.不合格=5分
2.合格=12分
3.良好=14分
4.优秀=15分</td></tr>
<tr><td colspan="4">1.提交日期：　月　日
2.数据修改：
3.内容完成程度：</td></tr>
<tr><td rowspan="2">税务申报</td><td rowspan="2">每月20号</td><td rowspan="2">15%</td><td rowspan="2">1.依照税务局要求及时报税；
2.做好相关税费的计提、扣款</td><td>延迟1天及以上</td><td>每月准时完成</td><td>提前1~3天完成</td><td>提前3天以上完成</td><td rowspan="2"></td><td rowspan="2">1.不合格=5分
2.合格=12分
3.良好=14分
4.优秀=15分</td></tr>
<tr><td colspan="4">1.提交日期：　月　日
2.数据修改：
3.内容完成程度：</td></tr>
</table>

续表

考核项目		要求	权重	考核内容	考核标准				得分	备注
					不合格	合格	良好	优秀		
业务指标	日报表单	差错不超过2笔	15%	1.每月9日前完成保监网上系统报表； 2.统计资金日报表、发票汇总表，每日上午10点前发前一日报表； 3.每月10日提交上月营业收支明细表、费用明细表； 4.每月3日前整理发票及下载网银对账单供外账处理	差错超过3笔（包括3笔）	出现2笔差错	出现1笔差错	无差错		1.不合格=0分 2.合格=12分 3.良好=14分 4.优秀=15分
	应收应付	1.不可少收、漏收； 2.不可多支、错支	15%	1.核对并催收各保险公司应收账款，做到每周、每月核对清查； 2.复核各网点业务员佣金支付明细，确保报表、现金支付等各项准确无误、符合公司发放标准； 3.核对各项其他应收款，做到每星期、每月核对清查，以防坏账	差错超过3笔（包括3笔）	出现2笔差错	出现1笔差错	无差错		1.不合格=0分 2.合格=12分 3.良好=14分 4.优秀=15分

续表

<table>
<tr><th colspan="2">考核项目</th><th>要求</th><th>权重</th><th>考核内容</th><th colspan="4">考核标准</th><th>得分</th><th>备注</th></tr>
<tr><td colspan="2"></td><td colspan="3"></td><td>不合格</td><td>合格</td><td>良好</td><td>优秀</td><td></td><td></td></tr>
<tr><td rowspan="2">业务指标</td><td rowspan="2">资料及凭证</td><td rowspan="2">每月完成</td><td rowspan="2">15%</td><td rowspan="2">1.安全保管公司下放的各网银账号及密码；
2.装订财务凭证，完整保管账本及凭证等财务资料；
3.完整保存所提交的全部电子报表；
4.完整保存各项应收应付对账信息；
5.及时更新代理业务收入及支出的政策信息报表；
6.完整收集、整理、装订、保管全部凭证、票据</td><td>遗漏部分凭证</td><td>每月完成</td><td>装订整齐并列表统计</td><td></td><td rowspan="2"></td><td rowspan="2">1.不合格=0分
2.合格=14分
3.良好=15分</td></tr>
<tr><td colspan="4">1.装订不合格：　张
2.本月共装订：　张
3.缺资料：　次</td></tr>
</table>

从表 9-1 中可以看出，工作业绩考核的重点是有没有把工作做好。表格中对评分标准进行了明确的规定。

9.1.2　工作能力：能不能把工作做好

工作能力考核是对员工在工作中发挥出来的能力进行考核，用以判断员工是否称职，能不能把工作做好。其中包括其知识、技能及行为能否配合其工作等。

一般来说，工作能力包括必备知识、专业技能、一般能力 3 个主要方面。具体细分大致包括岗位的核心能力、专业技能、岗位任务所要求的操作能力、逻辑思维能力、创新能力、分析问题的能力、解决问题的能力、客户沟通能力、内外部协调能力、团队管理能力、表达能力、写作能力、计算能力、网络技术水平、外语水平等。

考核对象、考核主体不同，工作能力的具体考核指标也不同。比如对管理人员与基层员工进行工作能力考核，管理人员的考核重点是管理能力与协调能力，基层员工的考核重点偏向于岗位技能等，两者的考核内容都有特定的能力考核指标和考核标准。

因此，进行工作能力考核时，企业的 HR 人员要明确每个岗位都有特定的能力要求，先有岗，后有人，根据岗位设定具体的标准。

但工作能力考核不仅是考核能力的绝对值，也要考核能力提高的速度和幅度的相对值。通过考核促使员工在岗位上、在原有的基础上快速、大幅度地提高能力，充分发挥人力资源的作用。同时使每个员工都能明确自己的工作能力的水平，找到提高自己能力的方向。

9.1.3 工作态度：愿不愿意把工作做好

工作态度考核的是员工对待工作的态度和工作作风，对工作所持有的评价与行为倾向，包括对待工作的认真度、责任感、努力程度等。由于工作态度较为抽象，因此通常只能通过主观性评价来进行考核，属于软指标的考核维度。通常这类软指标可达 120 多个，如客户服务意识、执行力、是否廉洁奉公、主人翁意识等。

2018 年 6 月初，北京一家房地产公司招聘了一名新前台，是毕业 2 年的本地人，之前从事过基础的行政事务工作。在公司工作了不到半个月，负责人认为这名新前台不行，见了负责人不敢说话，看起来过于文静，不适合做前台，要求行政部尽快换人。

但行政部对这名前台的工作进行评估后，发现她做事很细心，善于学习，工作态度非常积极，只是缺少锻炼的时间与机会，锻炼后一定能胜任前台工作。

为此，该公司的 HR 人员单独对这名前台进行了工作辅导，并从中得知该前台很喜欢目前的工作，所接触的工作范围与内容很符合她的工作意愿，不敢与负责人说话是因为负责人讲话过于强势，她本人也想尽快克服自己的心理压力，把工作做到位。

行政部在这之后加强了对她工作适应性的辅导力度，以帮助她增强自信心，尽快消除与负责人的陌生感等。最后该前台顺利转正。

从这个案例中我们可以明白，员工的工作态度是十分重要的，工作态度良好的员工，工作的积极性也会很高。即使员工在工作中遇到了问题，也会积极地解决问题，成功地把工作做好。

在绩效考核过程中，管理人员要根据员工的工作态度，有针对性地安排工作任务和工作岗位。工作态度是工作能力向工作业绩转换的桥梁，在很大程度上决定了工作能力转化为工作业绩的实际效果。HR 人员一定要重视员工的工作态度，明确员工愿不愿意把工作做好。

9.2　制定绩效考核周期

绩效考核周期也叫绩效考核期限，简单来说，就是企业多长时间对员工进行一次绩效考核。绩效考核按周期划分一般分为月度考核、季度考核、半年度考核和年度考核。

9.2.1　月度考核：及时激励，尽快纠偏

月度考核以一个自然月为一个考核周期，一般情况下，较适用于企业的基层员工。

月度考核由上至下逐级进行，考核结果是发放考核当月绩效工资的依据，同时又是年度考核、员工岗位工资等级调整的基础数据。

月度考核较为频繁，在实际的运作中会带来一定的问题：频繁对基层员工进行月度考核，会加重部门经理、HR 部门等相关考核人员和部门的工作量；月度考核后，企业要根据月度绩效为员工发放工资，这对企业的短期现金流的要求相对较高；对于基层员工而言，月度考核会促使员工只重视自己的短期成绩，从而忽视自身的长期发展和成长。

上海一家互联网公司为了激励员工，总经理张扬决定实施绩效管理。在四处征求过意见后，张扬决定采用很多企业都在使用的月度考核，在网上找了许多考核模板，再由各部门主管负责详细制定考核方案。但该方法实施了

3 个月后，张扬发现，不仅员工的积极性没有提高，而且原先那些表现积极的员工也不积极了。

张扬很困惑，经过调查找到了具体原因：由于有些工作难以实现量化评估，再加上考核细则又是主管制定的，存在因为个人喜好导致评估结果不公正的现象，进而导致员工心中产生不满。

在实际的月度考核中，企业及 HR 人员要按照详细的流程具体实施每一步的工作安排，月度考核流程范例如图 9-1 所示。

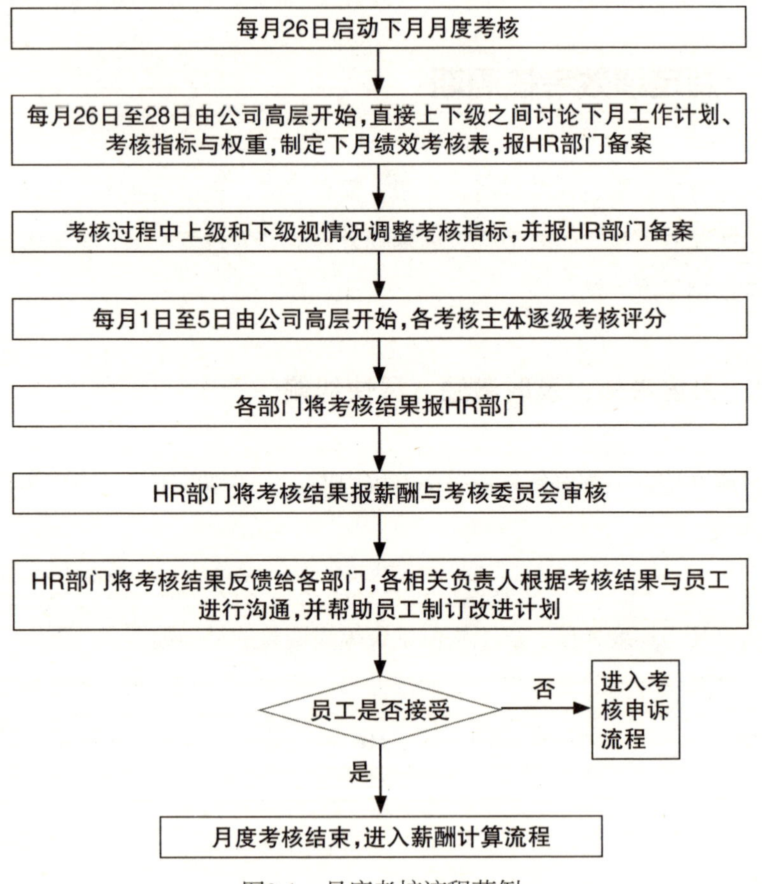

图9-1　月度考核流程范例

图 9-1 是月度考核的一种模式，可为 HR 人员提供借鉴，同时 HR 人员需要注意，在具体实施时，要结合自己公司的实际情况，以免考核走向形式化。

9.2.2　季度考核：工作量适中

一般情况下，企业在对基层管理者进行绩效考核时，会采用季度考核，有的企业也会对基层员工采用这个方法。

对于企业的大部分职能部门来说，季度考核既能解决月度考核工作量大的问题，又可以相对有效地反映出各个岗位的员工在这段时间内的工作成效。表 9-2 为某公司基层管理岗位的季度考核表，可作为参考 。

表9-2　基层管理岗位季度考核表

工作完成情况（65分）	计划与执行（20分）	1．能够科学制订工作计划，并充分执行，实现预期目标（10～20分）； 2．能够制订工作计划，部分执行，实现一部分预期目标（1～9分）； 3．难以制订工作计划，未执行，未实现预期目标（0分）
	工作效率（20分）	1．在规定时间内，优质、高效地完成工作（15～20分）； 2．能够完成工作，但是效率不高（1～14分）； 3．不能够按照要求完成工作（0分）
	团队管理（15分）	1．团队内部有效沟通，上下团结，积极工作（10～15分）； 2．团队内部缺乏沟通，松散、懈怠（1～9分）； 3．团队内部钩心斗角、拉帮结派（0分）
	团队学习（10分）	1．每月组织部门员工进行专题学习的次数不少于2次（5～10分）； 2．很少或是不组织部门员工进行专题学习（0～4分）
制度执行情况（15分）	规章制度遵守(10分)	1．遵守并执行公司的各项规章制度（1～10分）； 2．不遵守公司规章制度（0分）
	出勤率（5分）	1．月度出勤率为100%（5分）； 2．月度病事假≤2天，无迟到及旷工（4分）； 3．月度病事假<5天，季度迟到≤3次，无旷工（3分）； 4．月度病事假≥5天，或季度迟到>3次，或有旷工（0～2分）
工作态度（20分）	专业能力（5分）	1．全面掌握相应的专业知识，能够为客户解决专业性问题（4～5分）； 2．掌握一定的专业知识，能够为客户解决常见问题（1~3分）； 3．专业知识不足，无法帮助客户（0分）
	责任感（5分）	1．勇于承担责任，尽心尽职，能够为公司和客户着想（1~5分）； 2．推卸责任，公私不分，假公济私（0分）
	主动性（10分）	1．工作热情高，经常对项目或公司管理提出意见和建议（5～10分）； 2．工作消极被动，缺乏热情，需要上级不断督促（1～4分）

如表 9-2 所示，季度考核表的内容一般分为工作完成情况、制度执行情况和工作态度 3 个部分，其中工作完成情况是季度考核的重点。对于 HR 人员来说，具体的考核项目与指标需要根据企业的实际经营情况确定。

9.2.3 半年度考核：不利于日常监控

半年度考核处于季度与年度绩效考核之间，其作用是对被考核员工在半年度内的工作绩效给予有效评价，要求统计、汇总各月、各季度的绩效考核得分，综合得出被考核员工在半年度考核中的最终得分。半年度考核多用于调整员工的薪资级别、岗位及职务。

在企业进行半年度绩效考核时，要抓住以下几个重点——财务指标、工作业绩表述、存在的优势与不足及下半年的工作计划，以减弱对日常工作监控不足的问题。

半年度考核主要有两个适用人群，分别是管理人员与开发人员。其中对于管理人员来说，半年度考核是调整其岗位及职务的有力依据。对管理人员进行半年度考核的一般权重分配如表 9-3 所示。

表9-3 管理人员半年度考核权重分配

自评	上级	同级	下级	小计
10%	50%	30%	10%	100%

半年度考核同样适用于开发人员，开发人员的考核一般采用项目制，要按照项目的推进时间节点和交付成果标准进行考核，一般周期比较长，因此一般采用半年度考核或者年度考核。对开发人员进行半年度考核的一般权重分配如表 9-4 所示。

表9-4 开发人员半年度考核权重分配

自评	上级	同级	小计
10%	50%	40%	100%

在完成半年度考核后，企业要将考核结果运用到实际的管理工作中，以加强日常监管。

9.2.4　年度考核：适用于全体员工

年度考核适用于企业的全体员工，是对员工一年工作的检查和校验。其中既包含了对所有员工经营业绩完成情况的考核，也有对员工一年的工作能力与态度的考核，是一个相对综合、全面的考核。

年度考核由 HR 部门负责，根据每位员工本年 4 个季度的最终考核结果，计算年度考核的平均分，并将最终成绩及用作参考的该员工本年 4 个季度的考核成绩原件，交由该员工所在部门的主管。

部门主管根据月度考核等考核记录和当年整体表现，对该员工的年度综合表现进行评分，提出有针对性的发展建议，并与该员工进行绩效沟通。

HR 部门要负责年度考核最终成绩的排序工作，按照一定比例将员工绩效成绩划分为优秀、良好、合格、一般 4 个等级，并将计算结果及排序情况报送行政总监审核、总经理确认，以作为员工工资调整、职务变迁、淘汰的依据。

HR 部门除依据年度考核结果对员工的薪酬和职务进行调整外，还要评述被考核员工本年度的主要贡献与工作方面的不足、未来的计划等，以便员工与企业进行相关调整。

年度考核除了能为员工与企业指明发展的方向与存在的不足，也存在一些问题，比如考核工作可能对正常工作的进度有一定的影响。HR 人员应该注意这一点，安排好各项考核的时间及相关文件。

9.3　选择绩效考核方法

企业应针对每个员工所承担的工作，选择适合的可以科学地进行绩效考核的方法和工具，考核和评价员工工作的实际效果及为公司做出的贡献。

9.3.1　KPI：关键业绩指标考核法

KPI 是 Key Performance Indication 的缩写，意为关键业绩指标，是对企

业内部的关键参数进行设定、提取、计算和分析，将企业的目标量化，以获得绩效指标的考核方法。

关键业绩指标考核法能使企业的 HR 人员明确自己的职责，并在这个基础上，进一步明确下属员工的绩效指标，从而使绩效考核指标量化。那么，关键业绩指标考核法的应用流程有哪些？如何提取 KPI？

首先，要根据企业的战略目标，通过鱼骨分析法，找出企业最重视的目标，衡量企业价值。图 9-2 为某食品公司的 KPI 鱼骨图，HR 人员可将其作为参考。

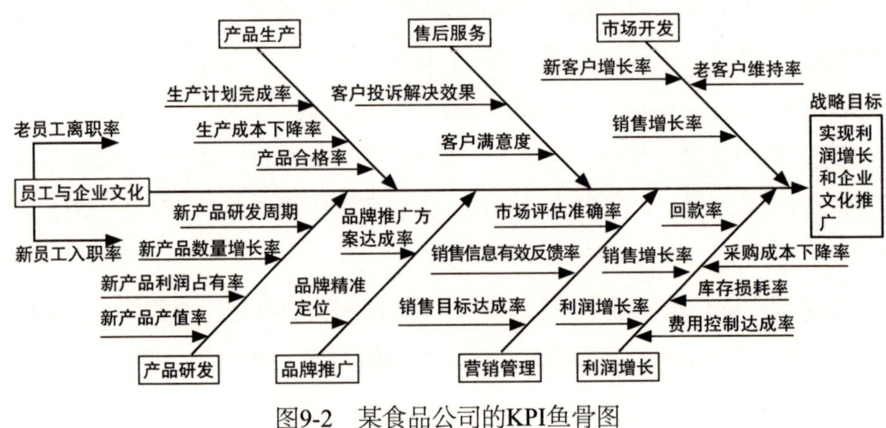

图9-2　某食品公司的KPI鱼骨图

如图 9-2 所示，通过鱼骨分析法确定了企业最重视的目标结果后，再找出决定这些目标结果的指标，由此可确定企业级 KPI。

接下来，各部门的主管要依据企业级 KPI 建立部门级 KPI，并进行分解，确定相关的目标、实现目标的工作流程等。

之后，各部门的主管和 HR 人员负责进一步细分 KPI，将之分解为更详细的 KPI 及各岗位的业绩衡量指标。通过层层推进，最终将每个部门的 KPI、每名员工的 KPI 通过定量或定性的方式确定下来。

确立了指标体系之后，HR 人员还需要设定评价标准，反映在各个指标上就是员工分别应该达到什么样的水平，解决“被评价者怎样做、做多少”的问题。

最后，必须对关键业绩指标进行审核，以保证这些关键业绩指标能全面、客观地反映员工的绩效，而且易于操作。

HR 人员在选择此考核方法时，要慎重选择适合自己的方法，且慎重制定考核所用 KPI。

9.3.2 BSC：平衡记分卡考核法

BSC 是 Balanced Score Card 的缩写，意为平衡记分卡。平衡记分卡考核法由美国管理专家卡普兰教授创立，目前世界 500 强企业中有 70% 都在使用这一绩效考核方法。平衡记分卡考核法有 4 个考核维度——财务、客户、内部运营、学习成长，打破了企业过于重视财务指标的传统理念，将企业的发展战略具体化，范例如表 9-5 所示。

表9-5　平衡记分卡考核法的4个维度

维度	战略目标
财务	• 提升资本回报率 • 提升现有资产利用率 • 提升利润率 • 成为业内成本管理领先者 • 良性增长
客户	• 持续为目标客户提供愉悦的消费体验 • 建立与经销商双赢的合作关系
内部运营	• 促进产品和服务创新 • 打造最佳经销商团队 • 提升存货管理水平 • 成为行业内内部运营管理领先者 • 及时、按规格送货 • 加强环保、健康、安全管理
学习成长	• 营造良好的工作氛围 • 提升战略性能力 • 及时掌握战略性信息

平衡记分卡考核法通过这 4 个维度全面评价企业的绩效管理，不仅改善了以往依靠财务评估的迟滞性、短视性及局限性，还将企业战略管理与绩效管理科学地统一了起来。这 4 个维度具体指的是什么？企业应该如何实施？

财务维度的指标体现企业的战略是否对改善企业盈利有作用，其衡量指标包括营业收入、现金流量、经济增加值等。

客户维度的指标包括客户满意度、客户获得率、客户维持率、客户盈利率等。

内部运营维度要求企业的管理人员要确认职能部门必须擅长的关键流程，为企业提供价值，以吸引和留住目标市场的客户，满足股东对财务回报的预期。

学习成长维度是企业要实现业绩长期增长必须确立的软实力框架。

企业这 4 个维度的战略地位并不是一成不变的，会随企业战略要点的变化出现相应变化。

平衡记分卡考核法能体现出企业全方位的平衡，如长期发展与短期目标的平衡、结果与过程的平衡等。因此，平衡记分卡考核法能够反映出企业的总体状况，使企业的绩效评估体系趋于平衡和完善，推动企业的长期发展。

9.3.3 PDCA：闭环式考核法

闭环式考核法是一种环环相扣的考核方法，它包括 Plan（计划）、Do（执行）、Check（检查）、Action（行动）4 个流程。绩效考核以目标结果为导向，以绩效合约为标准，闭环式考核法对绩效管理尤其适用。

上海一家公司主营领域在服务行业，为各大企业提供展会服务，目前在职员工有 300 人左右。该公司自 2018 年 1 月开始实施绩效考核。具体的考核方案为定量指标与定性指标相结合。

该公司有一些岗位工作很难量化，比如市场分析岗位，主要工作是撰写市场分析报告，考核指标多为定性指标。而有些领导对定性指标的评价非常主观，仅凭个人喜好或感觉打分，缺乏说服力，员工感觉不公平。

那么，在实际的绩效考核中，如何利用闭环式考核法解决该案例中的问题？

1. 绩效计划的制定（P）

首先确定企业级计划，然后将企业级计划分解到各职能部门，再根据部门、岗位的工作分析从定量和定性两方面设定考核指标，考核指标要经过 HR 人员与被考核者的充分沟通，分层分级确定。

2. 绩效计划的执行（D）

只有执行和落实了绩效计划，才能体现出其存在的价值，发挥其应有的作用，因此企业各层级部门和岗位一定要按照确定的绩效计划进行工作。

3. 绩效的检查（C）

这一阶段企业的 HR 人员能及时发现当下的绩效执行问题，并及时进行纠正，但 HR 人员要注意考核的周期不宜过长，一般 1 个月或 2 个月为一个考核周期效果最佳。

4. 针对绩效的行动（A）

绩效考核结束后，HR 人员要及时向各部门和员工反馈考核的结果，让他们清楚自己的绩效情况，明确哪些做法符合企业要求，哪些地方有待提高。

同时，HR 人员还要根据考核结果进行绩效辅导，解决绩效考核中员工存在的问题，以提高员工的工作能力与效率，最终形成一个绩效考核的闭环。

9.3.4 OKR：目标与关键成果考核法

OKR 是 Objectives and Key Results 的缩写，意为目标与关键成果。它用来定义与追踪重点目标及完成情况，不仅是企业进行目标管理的简单系统，还能将目标管理自上而下贯穿到企业基层。

以谷歌为例，看看企业应如何实施目标与关键成果考核法。

谷歌实施目标与关键成果考核法的第一步是协商 OKR，谷歌协商 OKR 的标准流程如图 9-3 所示。

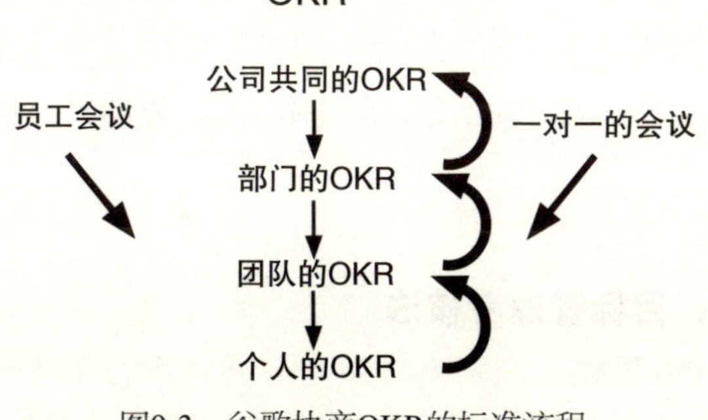

图9-3 谷歌协商OKR的标准流程

从图 9-3 中可以看出，谷歌将 OKR 划分为 4 个层级进行分解，分别是公司、部门、团队、个人的 OKR，在实际的应用当中，一般 OKR 分为 3 个层级，分别是——

企业 OKR：明确企业的整体目标，聚焦重点。

团队 OKR：重点明确团队的工作优先级，从团队层面出发。

个人 OKR：明确员工个人该做什么。

第二步是公示 OKR，对为什么设定这些 OKR、实现这些 OKR 对企业的意义、完成这些 OKR 需要员工分别付出什么样的努力等问题进行详细沟通，确保公司上下对 OKR 理解一致。

第三步是执行 OKR，这一阶段的重点是 HR 人员要定期检查执行情况，必要时对 OKR 进行调整。

第四步是复盘，这是整个目标与关键成果考核法实施周期的结尾，重点内容是由 HR 人员回顾整个过程，除了要复盘上季度的 OKR，还要确定本季度的 OKR。

谷歌每年的 11 月由各部门与员工一起制定下一年第一季度的 OKR，12 月确定公司层级的下一年全年及第一季度的 OKR 并下达到各部门、员工，员工结合公司 OKR、部门 OKR，初步设定个人 OKR。

1 月初，员工要在公司、部门或团队等不同层级的会议上，汇报相应 OKR。1 月到 3 月，这一阶段的工作重点是进行 OKR 监控，HR 人员监督 OKR 的执行和达成情况。3 月底，HR 人员要对 OKR 完成情况进行打分，并与相关人员进行沟通复盘，然后在第二季度重复这一过程。

通过设立不同层级的 OKR，层层分解和彼此结合，企业在 OKR 的帮助下形成了一个涵盖每个员工的完整大网，加强了彼此之间的关联，将各层级 OKR 紧密地联系在一起，可帮助企业发挥员工的能动性，提高企业绩效管理的效率。

9.3.5 MBO：目标管理考核法

MBO 是 Management by Objective 的缩写，意为目标管理，这种考核法

是一种企业按照具体的指标和评价方法来考核员工完成工作目标情况的绩效考核方法。

北京有一家创建于 2009 年的软件公司，经过十几年的发展，这家公司逐渐成为重要的 IT 外包服务供应商。目前该公司有 75% 以上的员工是软件研发人员，原有的绩效管理方法已不再适用于现在。

针对目前绩效管理中存在的问题，该公司 2019 年起开始推行目标管理考核法，具体包括以下 5 个方面。

1. 明确绩效考核周期

公司将绩效考核分为季度与年度进行。

2. 设定绩效考核目标

公司将员工的绩效考核目标设定为硬性目标和关键性目标两种。

3. 设定绩效考核指标权重

根据绩效考核目标调整指标权重时，公司要求 HR 人员要先与员工进行沟通确认。

4. 绩效目标的实现与辅导

确定了公司绩效考核的目标、指标、权重后，HR 人员要利用员工的工作日志、工作周报等资料，对员工的工作进行监督与辅导。

5. 确认并反馈考核结果

公司要求 HR 人员要在肯定员工的工作结果、双方意见一致的基础上，提出绩效改进方案，并以文字形式请员工签字确认。

这家软件公司在实施了目标管理考核法后，2019 年公司的销量达到 5 亿元，员工离职率仅有 5%，员工满意度也有所提升。

通过这家软件公司的成功案例，我们可以看出：

1. MBO 的目标必须公司上下一致认可，形成全员目标管理。

2. 发挥员工的自我控制力。HR 人员的控制重点是员工的工作态度和工作动机。

3. 管理目标过程。HR 人员必须与员工进行沟通与辅导，不断提高员工的工作能力和绩效水平，提高他们的工作积极性。

目标管理考核法要将公司、部门、个人的目标进行统一管理，使全员共同参与到公司目标的实现过程中来，只有这样才能真正将目标管理考核法落到实处。

9.4 收集绩效考核数据

在实际的绩效考核过程中，每家企业对考核数据由谁提供有着不同的认识，因此必须建立一个规范、严谨的考核程序。

9.4.1 绩效考核数据准确性检查

企业绩效管理的一个重点内容是绩效指标的设定，这一步影响着绩效考核的合理性。而企业在设计绩效指标时，需要进行绩效考核数据的收集，但在实际的考核过程中，企业收集的数据往往与实际工作中反映出来的真实情况差距较大，不同部门统计的数据也不尽相同。这就导致企业无法检查考核指标的合理性，也无法确定绩效考核数据是否可获得或可低成本获得。

为解决这一问题，保证绩效考核数据的准确性，企业应从以下几个方面入手。

1. 一般情况下绩效考核数据不能由本部门提供，要遵循回避原则，部门级的绩效考核数据尽量由其他部门提供。

但实际上，有些绩效考核数据无法由其他部门提供，只能由本部门提供，对于这种情况，企业可以要求必须有其他部门确认这些绩效考核数据，比如生产部的绩效考核数据必须有相关部门的确认核实和领导的审批。

2. 对收集的绩效考核数据进行检查，查看各部门的统计口径、方法、数据来源等是否一致。要求有明确的标准和数据来源，按照企业的流程和制度收集绩效考核数据，保证绩效考核数据统计标准、计算方法等一致。

3. 检查绩效考核数据是否有效、及时。有些绩效考核数据必须在当时记录下来，比如客户投诉率等，不能等到月底统计时通过回忆统计数据，这样的数据不具有时效性。

4. 绩效考核指标的设计要有利于绩效考核数据的收集，当出现无法收集部分指标的绩效考核数据的现象时，企业可以改变绩效考核指标，也可以建立相关流程和制度，以保证绩效考核数据的收集工作的完成。

企业实施绩效考核，在进行绩效考核数据的收集时，一定要保证其准确性与合理性，满足绩效考核的要求。

9.4.2　实施过程中的绩效考核数据收集

绩效考核数据的收集工作并不是在绩效考核开始时就结束了。在进行绩效考核时，所需要的相关数据会因为考核的推进不断发生变化，最终与最初的数据可能会产生较大差异，因此，企业要在绩效考核实施过程中持续收集数据，以便进行考核指标的调整。

在考核时，首先可以由企业的 HR 人员将需要统计的数据做成固定的表格，交给需要记录的部门进行数据统计，并将此记录工作定为统计部门的工作之一，定期向责任部门或 HR 部门反馈，以确保数据的真实性和有效性。

其次要明确工作责任与分工，划分各岗位、部门的职责、分工，避免员工在工作中互相推诿，企业可在绩效考核制度中明确提供数据的部门。

在绩效考核实施过程中收集绩效考核数据要注意统一计算方法与标准，以保证绩效考核数据的准确性。HR 人员要与相关部门人员进行深入沟通，由相关人员讨论具体的方案。

另外，企业还可以要求部门间进行相互监督与统计，以提高绩效考核数据的准确性与及时性。

9.4.3　消除绩效考核的主观性偏差

绩效考核不仅能检查和监控企业的各项工作，还能展现员工当前的工作状态和未开发潜力。但很多企业的绩效考核并没有想象中那么有效果，究其原因就是考核结果受 HR 人员主观性的影响较大，导致企业的绩效考核流于形式。那么，企业在进行绩效考核时如何消除主观性偏差？其中非常重要的一点就是通过绩效考核数据来消除绩效考核的主观性偏差。

深圳一家市场调研公司实行绩效管理已经两年了，工作各方面都日趋完善，但由于岗位职责原因，一直存在绩效考核数据难以收集的问题。

目前,这家公司采取的是定性与定量结合的方式进行考核,在实际工作中,原本固有的报表或后台有记录的数据好收集，但有一些没有报表，需要第三方评价或需要日常记录的原始数据很难收集，即便收集了也很难保证客观性。

那么，企业应如何消除绩效考核的主观性偏差？

1. 明确绩效指标的定义、计算公式及评价标准等指标要素。只有明确了这些要素，才能明确需要收集什么数据、如何收集数据。

2. 规范绩效考核数据的收集周期、收集流程、统计口径和数据表单，保障绩效考核数据的真实、客观、有效，以消除绩效考核的主观性偏差。

3. 企业的每个部门既是被考核部门，也是绩效考核数据的提供部门，因此，企业需要明确指定每个绩效指标的数据统计岗位，将责任与具体的工作都落实到人。

4. 建立绩效考核数据管理办法，对绩效考核数据收集工作进行稽查和管理，保证绩效考核数据的真实性，对作假行为严惩不贷。

5. 完善企业各项业务流程和管理制度，实现绩效管理系统信息化。

通过以上这 5 个方法，企业能建立完善的数据收集管理体系，使得数据收集工作有理可依,有制度可循,消除主观性偏差,实现绩效考核的公平公正。

9.5 明确绩效考核结果

如何明确绩效考核结果，让员工能直观地看到绩效考核结果，依旧是一个问题,常用的明确绩效考核结果的方法有两个,分别是绝对分数制和等级制。

9.5.1 绝对分数制

明确绩效考核结果的一个常用方法是绝对分数制，其中包括百分制与十分制。百分制是将考核结果设置为满分 100 分，十分制是将考核结果设置为满分 10 分。

上海有一家广告公司，在它的绩效管理制度中明确写出，90~100 分对应绩效等级为 A 级卓越，80 ~ 89 分对应 B 级优秀，70 ~ 79 分对应 C 级合格，60 ~ 69 分对应 D 级待改进，60 分之下对应不合格。但绩效考核结果出来后，这家公司的 HR 人员发现几乎所有人的得分都在 90 分以上，只有 3 个人得分在 70 ~ 79 分之间。

为找出原因，这家公司的 HR 人员与各部门进行了进一步的讨论，发现在评分时，有的人评分松，所有的人都是 98 分、99 分，有的人评分严，大部分都在 80 分左右。

针对这种情况，HR 人员细化了各项指标的评分标准，使绩效考核结果更具科学性。

十分制的应用与百分制类似，只是缩小了相应的数值。

企业在应用百分制与十分制时，通常采用减分或成果计分的方式为员工打分，最终得出绩效考核总分数。

1. 减分

在未达到绩效考核规定指标的情况下，企业可进行减分处理，如果员工的某一项绩效考核指标没有异常情况，就按照减分为零处理，也就是不扣分。

上海这家广告公司的销售部门的销售目标完成率为实际零售额 / 目标零售额，所占分数为 30 分，如果员工的完成率在 80% 以上，则不扣分，完成率在 80% 以下开始扣分，每下降 1 个百分点，扣一分，比如某位员工的完成率是 78%，那么，该项的得分就是 30 − 2=28（分）。

2. 成果记分

将员工的工作成果纳入分数考评中，根据成果的优劣和多寡进行打分，优者得高分，劣者得低分，未达到绩效考核规定指标则扣分。

绝对分数制将绩效考核结果体现到员工的分数上，当然，由于绝对分数制的主体是人，分值由 HR 人员决定，因此，分值评定难免带有主观色彩。

9.5.2 等级制

等级制依据企业绩效考核与评估，将员工的绩效考核结果划分为不同的等级层次。

绩效等级划分主要有以下 3 种方式。

1. 根据分数直接确定等级

这是很多企业普遍采用的方式。一般是规定绩效考核分数在 90 分及以上为优秀，80 ~ 89 分为良好，70 ~ 79 分为合格，60 ~ 69 分为待改进，60 分以下为不合格。

2. 强制排序法

按照绩效考核分数将一定范围内的员工从高到低进行排序，根据比例划分为各个等级。

3. 综合法

将以上两种方法的优点结合在一起，不仅要通过分数范围强制规定出考核等级，还要通过强制排序来确定各等级人员比例。

在确定了绩效等级后，HR 人员还应明确不同等级内考核结果的分布情况，明确每一等级内应有多少名或百分之几的员工。一般情况下，优秀者占 10% ~ 20%，良好、合格、待改进者占 60% ~ 70%，不合格者占 10% 左右。

绩效等级划分的依据如表 9-6 所示。

表9-6 绩效等级划分的依据

绩效等级	等级描述
优秀	A. 远超职位要求 B. 超等的绩效 C. 有可能提升到上一级别
良好	A. 超过职位要求 B. 经常表现出来的长处可弥补偶尔的不足
合格	A. 具备工作所需的能力 B. 能够完成交付的工作 C. 偶尔表现出来的长处可以弥补偶尔的不足
待改进	A. 勉强完成交付的工作 B. 偶尔表现出来的长处不能弥补频繁显现的不足
不合格	A. 不能完成交付的工作 B. 需要监督其完成工作 C. 考虑降职、转入其他部门或辞退

无论是对于年度还是季度的绩效考核结果，等级划分都非常重要，HR

人员要慎重进行这一工作，以免引起员工对结果的不满。

9.6 应用绩效考核结果

企业之所以重视绩效考核，在很大程度上是因为绩效考核结果的重要作用。绩效考核结果应用不到位，下次就不会再有人重视绩效考核。那么，HR 人员应如何应用绩效考核结果？具体应用到哪些地方？

9.6.1 应用一：岗位调整与员工淘汰

绩效考核结果的应用表现在许多方面，其中的一个应用就是依据绩效考核结果进行岗位调整。

很多企业会把绩效考核结果应用到岗位管理中，为确保应用的科学性，必须遵循以下几个原则。

1. 针对绩效考核的结果应用，HR 人员需要建立完整、明确的系统，按其规定行事，岗位调整要建立在有需要的基础上，同时岗位调整的比例也要合理，避免频繁的岗位调动导致业务的不稳定性。

2. 在利用绩效考核结果来进行岗位调整时，所依据的绩效考核结果不能仅仅是近期的某一次考核结果，必须结合员工长期的绩效考核结果和表现，在重视员工能力的同时，也要重视员工在岗位上的积累和贡献。

3. 在利用绩效考核结果来进行岗位调整时，必须遵循公平、公正、公开的原则，确保以此进行的岗位调整能够让员工认可和信服。

4. 职位不同，对员工能力的要求也不同，因此对员工进行岗位调整时，不能只依据绩效考核结果，还要对员工的工作能力和工作态度等进行全面的考核，确保员工能够胜任新的工作。

绩效考核结果除应用于岗位调整之外，同时也是进行员工淘汰的重要依据，在这里，HR 人员需要解决好员工淘汰的几个要点，以规避法律风险。

1. 考核制度要清晰明确，对于什么情况下可以判定员工不能胜任工作要做出明确的规定，同时也要与员工进行充分的沟通，可以用 HR 人员与员工共同签字的绩效考核表来表明双方沟通达成了一致。

2. 对于不能胜任工作的员工，要给其改进的机会，这时 HR 人员要与员工签订绩效改进计划书，计划书的标准和结果也要在其中标明。

3. 员工不能胜任工作，说明员工与公司岗位并不匹配，及时进行沟通是对双方都负责的做法。在 HR 人员与员工沟通的过程中，一定要注意沟通时的态度，并尽力对员工的未来职业规划给出建议。

9.6.2 应用二：员工培训

绩效考核除对企业的岗位调整与员工淘汰有影响外，还会影响企业的员工培训。HR 人员应该如何做才能将员工培训与绩效考核挂钩？有以下几个流程，如图 9-4 所示。

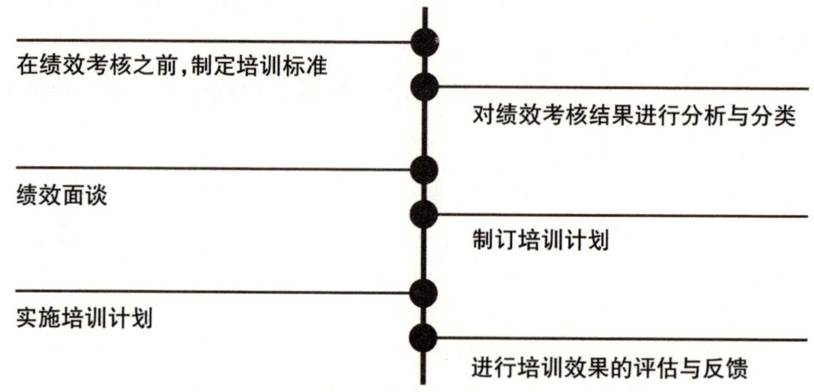

图9-4 员工培训与绩效考核挂钩的流程

1. 在绩效考核之前，制定培训标准

企业的管理人员要与 HR 人员一起，根据企业的实际情况，结合企业的职位说明书，制定出培训标准，这个标准就是一条及格线，凡是考核结果未达到培训标准的员工都需要接受培训。

2. 对绩效考核结果进行分析与分类

HR 人员要参考每一分类下的培训标准，筛选出未达到标准的员工，并根据未达到标准的原因将这些员工进行归类。

培训部门根据分类结果，结合岗位实际情况分析员工的绩效考核结果，在结合企业的实际情况的基础上判断这一问题能否通过培训解决，根据不同分类设计培训方案。

3. 绩效面谈

HR 人员需要与员工进行面谈，绩效面谈可以帮助未通过绩效考核的员工深入了解自己存在的不足，还可以帮助员工树立积极改进的决心，提高培训效率。

4. 制订培训计划

HR 人员需要对比未达标员工的实际绩效与期望绩效，找出差距并确定培训需求，制订不同的培训计划。培训计划要以能有效解决企业问题为前提，注重理论与实践相结合。

5. 实施培训计划

实施制订好的培训计划，并控制实施过程，保证培训按既定的方向进行。

6. 进行培训效果的评估与反馈

最后是进行培训效果的评估与反馈，并将其作为绩效考核的一部分内容。

通过以上 6 个步骤，HR 人员就可以将绩效考核与员工培训联系在一起，既能体现绩效考核的实用性，又能提升培训的实际效果。

9.6.3 应用三：薪酬管理

绩效考核与薪酬管理是 HR 部门最主要的工作内容，薪酬管理是企业发放工资、激励员工的重要依据，而绩效考核是一种约束性条件，二者对于企业发展缺一不可。

那么，HR 人员如何将薪酬管理与绩效考核有机地结合起来？具体方法如图 9-5 所示。

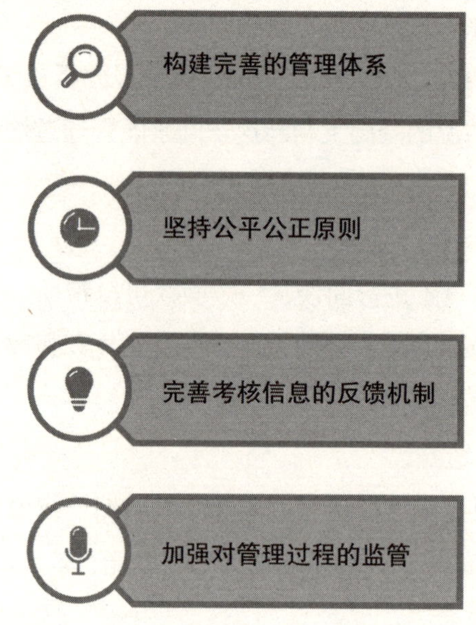

图9-5　将薪酬管理与绩效考核有机结合的方法

1. 构建完善的管理体系

HR 人员要想实现薪酬管理与绩效考核有机结合，首先要有一套完善的管理体系，使薪酬管理与绩效考核能在一个既定的体系内高效运转，这样才能统一标准，实现绩效考核与薪酬管理的公平、公正及高效运行。

2. 坚持公平公正原则

HR 人员能否公平公正地进行考核对企业的绩效考核和薪酬管理实施的实际效果有着非常大的影响。因此，HR 人员在考核过程中要公平公正处事。

3. 完善考核信息的反馈机制

HR 人员在进行绩效考核时要建立信息反馈机制，让员工能第一时间反馈自己的意见和建议，这无论是对员工而言还是对 HR 人员的管理而言，都是非常有利的。

4. 加强对管理过程的监管

加强对管理过程的监管一是为了保证绩效考核和薪酬管理的公平公正，二是为了监督员工的工作情况，三是为了及时发现工作中存在的问题和不足，为工作改进提供依据。

现在很多企业的绩效考核还依旧停留在简单的“计件工资制”和“销售

提成制”阶段，这些绩效考核单一片面，会让企业产生大量管理上的漏洞，无法满足企业的发展需求，因此企业一定要将薪酬管理与绩效考核紧密联系，使绩效考核为薪酬管理提供依据。

9.6.4　应用四：绩效改进

很多企业都知道绩效改进的重要性，但在实际操作中却很难做好，绩效改进的每一步都有深层的逻辑结构。

绩效改进是绩效管理的根本目的，绩效改进是指运用系统的方法与工具，推动员工改变自己的行为模式，使其工作成果与企业的发展目标保持一致，并使其投入产出比最大化。在企业实施改进和干预措施后，HR 人员还要对其效果进行评估，以持续改进。

通过绩效改进，企业既能发现员工个人能力、工作方法方面的不足，通过持续不断的指导、反馈帮助其改进，还能发现企业发展运行方面，比如人员配置、部门之间的合作、相关制度或机制等方面的问题，真正提升企业的发展能力。

企业的 HR 人员首先要从知识、技能、态度及外部阻碍等方面对员工工作进行分析，确定存在的关键问题。

如果是资源、流程、工作环境与条件等外部问题，HR 人员要帮助员工解决；如果是员工的个人能力问题，HR 人员可以有针对性地为员工提供培训、在岗训练、老师带教等帮助；如果是员工的工作态度问题，HR 人员要先分析出现问题的原因是激励不充分、工作安排不恰当，还是员工自身的问题，从而有针对性地干预和改进。

企业做好绩效考核，绩效改进才能有价值、有实效，才能真正帮助员工及企业解决遇到的问题，不断提升价值创造能力，实现员工与企业的目标。

第 10 章
绩效反馈：与员工进行深入的交流

企业进行绩效反馈，是为了让员工明确自己在绩效周期内的工作成果是否达到了既定目标，行为态度是否合格，让 HR 人员和员工双方对评估结果达成一致意见，同时双方据此制订绩效改进计划，探讨与调整绩效周期内的目标，最终形成一个绩效合约。

10.1 绩效反馈的 5 种方式

如果 HR 人员没有使用正确的绩效反馈方式，只会让员工与公司关系恶化，为了让绩效反馈能有良好的实际效果，HR 人员首先要选择合适的反馈方式，主要有个人绩效面谈、团队绩效面谈、电话反馈、邮件反馈及绩效考核结果公示 5 种方式。

10.1.1 个人绩效面谈：可以进行充分交流

个人绩效面谈是指由 HR 人员与被考核员工进行一对一的绩效面谈，是一种比较常用的反馈方式，也是一种较为正式的绩效考核结果沟通方式，需要提前预约，双方提前做好准备工作。

相对其他反馈方式，个人绩效面谈具有自己的优势，那就是 HR 人员能与被考核员工充分沟通，单独面谈有利于员工说出自己的真实想法，尤其是一些不便于公开讨论的观点或看法。

HR 人员在进行个人绩效面谈时，应涉及的主要内容包括评价员工的业务表现、管理能力及日常行为，探讨员工的职业生涯目标与发展计划，为员工的个人工作问题提出建议等。也就是说，在进行个人绩效面谈前，要解决为什么而谈的问题。HR 人员还要把控面谈的过程，按照既定思路顺利引出面谈重点。

在引出面谈重点前，为了缓和气氛，可以从比较轻松的话题开始。比如，先询问员工最近是不是遇到了什么困难，然后将谈话的主动权交给员工，让其充分说出心里的想法，再过渡到绩效面谈的重点上，找出绩效考核期内业绩下滑的原因，让员工知道公司在关注着他们。

除此之外，HR 人员还要注意面谈的心理与环境因素。心理上要构建轻松的谈话氛围，因为个人绩效面谈本身就容易让被考核员工产生紧张情绪。从环境因素来说，办公室、会客厅等都是比较合适的场所，相对隐秘又正式，较为安静，便于员工畅谈自己的想法。

最后，HR 人员要掌握面谈节奏。个人绩效面谈可以以问答的方式进行，强调对话的互动性，在这样的面谈中，HR 人员要掌握面谈节奏，将节奏控制在某些关键信息上，比如工作经历、考核期业绩、历史业绩记录等，提高面谈效率。

个人绩效面谈强调的是充分交流，所以，HR 人员要在谈话内容上有所把握，最主要的是要让被考核员工说出自己的真正想法，找到问题的根源，有针对性地面谈，才能达到绩效反馈的目的。

10.1.2　团队绩效面谈：效率高，交流差

团队绩效面谈一般是指由 HR 人员与被考核员工进行一对多的绩效面谈，“一”指 HR 人员，“多”指被考核员工，或者由多位 HR 人员对多位被考核员工进行多对多的绩效面谈。一般被考核员工来自一个团队。

团队绩效面谈时由 HR 人员总体点评团队在过去一个季度中的表现与工作成果，除了需要团队所在部门的反馈，还需要其他相关部门进行意见反馈，

这是由于团队工作涉及其他合作部门。

HR 人员在进行团队绩效面谈时，需要遵循以下几个原则，如图 10-1 所示。

图10-1　团队绩效面谈应遵循的原则

1. 提问原则

HR 人员一直发号施令很难实现从上司到帮助者、伙伴的角色转换。因此，HR 人员在进行团队绩效面谈时，要将 80% 的时间留给被考核员工，20% 的时间留给自己，在这 20% 的时间内，HR 人员要将 80% 的时间用来提问，20% 的时间用来指导、提建议。因为被考核员工往往比 HR 人员更清楚团队工作中存在的问题。

2. 未来原则

绩效面谈谈论过去的目的是从过去的工作中总结出对未来发展有用的经验。HR 人员在进行团队面谈时，要鼓励被考核员工总结过去的工作，从不同员工口中了解工作，引导员工着眼于未来，制订未来的发展计划。

3. 积极原则

无论员工绩效考核结果如何，HR 人员在进行团队绩效面谈时一定要多给员工一些鼓励和正面引导，以免员工因为受到当众批评而心生不满，或失去工作的积极性，将消极情绪传达给其他被考核员工，影响整体效率。

团队绩效面谈能帮助相关部门、团队成员进行交流，缩短绩效面谈所用的时间，提高效率，最终形成会议纪要，以便后续查询，但也有私密性较差的缺点，有时员工不能畅所欲言。因此，团队绩效面谈可以作为个人绩效面谈的补充，HR 人员要从多角度了解员工的工作。

10.1.3　电话反馈：适合解决异地问题

电话反馈是指 HR 人员通过电话与被考核员工沟通绩效考核结果。这种方法适用于 HR 人员与被考核员工之间的办公距离较远，或双方处于异地状态，很难或无法当面沟通时。

HR 人员在进行电话反馈时，要注意以下几点，如图 10-2 所示。

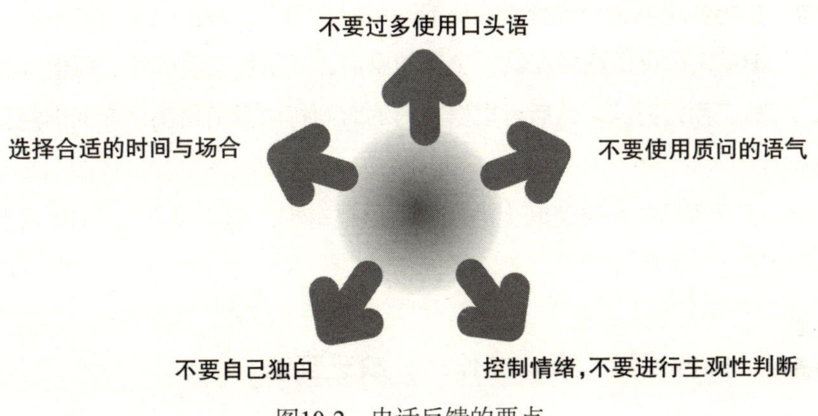

图10-2 电话反馈的要点

1. 不要过多使用口头语

过多的口头语会让员工觉得 HR 人员专业度不够或者不重视这次谈话。

2. 不要自己独白

HR 人员在与员工进行电话反馈时，要注意多让员工发表意见，控制自己的说话时间。

3. 控制情绪，不要进行主观性判断

HR 人员在与员工进行电话反馈时，由于双方不能观察到对方的表情或肢体语言，可能会存在一些语气与语言上的理解误差，因此，HR 人员要控制自己的情绪，不要主观性地判断员工的态度，以免造成误解。

4. 不要使用质问的语气

质问容易伤员工的自尊，显得 HR 人员不够尊重员工，极容易让员工心生不满或失去谈话的兴趣，让电话反馈陷入困境。

5. 选择合适的时间与场合

HR 人员给员工打电话进行绩效反馈时，要注意选择合适的时间与场合，最好提前与员工商量，约好时间，否则很容易与员工的工作产生冲突。

例如，员工临时出差，去往外地与客户洽谈一项重要业务，而 HR 人员发现该员工本月的绩效完成情况非常不理想，还出现了一项重大失误，于是要员工当天给出解释。

这时，HR 人员是否应该在当天上午 10 点给该员工打电话询问绩效情况？这显然是不合适的，因为上午 10 点该员工正在和客户洽谈业务。这个时间点和场合均不适合进行绩效反馈。

但 HR 人员可以选择在员工工作结束前，先给员工发邮件、短信或者微信，与员工预约时间，然后再根据预约的时间打电话给员工，详细询问具体情况。

电话反馈虽能解决空间上的问题，但也有相应的不足之处，HR 人员要慎重使用这一方法。

10.1.4 邮件反馈：有补充作用，缺乏互动

邮件反馈是指 HR 人员通过发送电子邮件的方式反馈被考核员工的绩效考核结果，并就绩效考核结果征求员工意见和建议。一般电子邮件通常作为正式电话反馈或面谈的铺垫，以便让绩效反馈双方先做好准备。

相较于其他的几个反馈方式，反馈双方可以在电子邮件中将不方便正面沟通的内容通过文字的方式展现，但这个方法缺乏面对面的互动，容易引起误会，这就需要 HR 人员谨慎措辞。

HR 人员在通过邮件进行绩效反馈时应如何保证邮件反馈的效果？要点如图 10-3 所示。

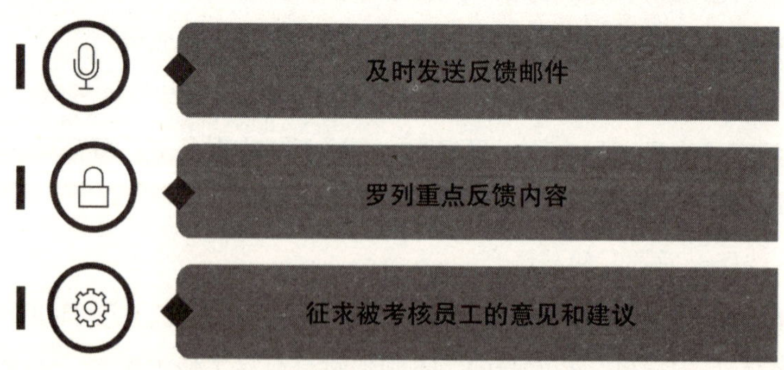

图10-3　邮件反馈的要点

1. 及时发送反馈邮件

相比于面谈、电话反馈等绩效反馈形式，邮件反馈的效率比较低，因此 HR 人员要格外注意邮件反馈的效率。HR 人员要及时将反馈邮件发送给被考核员工，在发送完邮件后，HR 人员也要及时向被考核员工发送信息，提醒其查收邮件。

2. 罗列重点反馈内容

在 HR 人员通过邮件反馈绩效考核结果时，为了便于被考核员工查看，HR 人员需要将其反馈内容的重点罗列出来。在这些罗列的重点反馈内容中，HR 人员也要把握好主次，将最重点的反馈内容详细地表述清楚。

3. 征求被考核员工的意见和建议

在用邮件进行绩效反馈时，HR 人员有必要在邮件的最后询问被考核员工对于绩效考核结果的意见和建议。一方面，通过征求被考核员工的意见和建议，HR 人员可了解其是否认真查看了邮件，确保邮件反馈的效果；另一方面，通过征求被考核员工的意见和建议，HR 人员可了解员工的想法，避免自己犯下主观性错误。这一环节会使绩效考核结果更加科学。

总之，HR 人员在进行邮件反馈时，除了要写出一份重点突出的反馈邮件，还要保证邮件能够真正发挥作用。因此，HR 人员需要通过邮件与被考核员工进行互动，在互动中发挥绩效反馈的作用。

10.1.5　绩效考核结果公示：容易形成刺激，谨慎使用

很多 HR 人员在绩效考核时，为了树立标杆，鼓励员工向优秀者看齐，往往会公示绩效考核结果。绩效考核结果公示是一件非常具有挑战性的工作，除考核的公正公平性要经受得起员工的检验之外，HR 人员同时还要考虑绩效优秀者会不会被孤立，会不会令绩效不佳者压力过大，从而导致员工流失。

因此，HR 人员在公示绩效考核结果前，一定要先明确此次考核是否做到了两点：考核目标清晰和被考核员工对考核结果有高度的认同感。

在做到了上述两点的基础上，HR 人员一定要清楚地认识到绩效考核结果公示是一把双刃剑，因此，HR 人员一定要学会用由浅到深、由易到难的

操作方式进行公示。绩效考核结果公示的要点如图 10-4 所示。

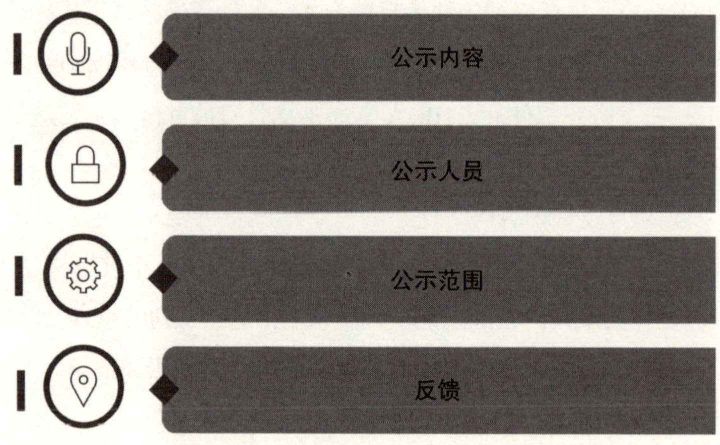

图10-4 绩效考核结果公示的要点

1. 公示内容

公示的绩效考核结果要包含业绩、行为、态度等内容。

2. 公示人员

为了树立标杆，HR 人员可以先公示绩效考核等级为 A 的优秀员工，然后再逐步深入。

3. 公示范围

公示范围需要 HR 人员根据企业的实际情况选择，如果企业规模较大、员工较多，HR 人员可以在部门范围内进行公示，也可以在团队中公示。

4. 反馈

由于绩效考核结果多以本部门的意见为主，为保持绩效考核结果的公平公正，HR 人员可设立业务部门和 HR 部门两条投诉途径，从而让员工有机会发表自己的意见，快速解决矛盾。

绩效考核作为与企业和员工利益息息相关的管理工作，其考核结果的公示是保证考核公平的重要手段。在不同的企业中，是否公示、如何公示绩效考核结果，需要 HR 人员因地制宜、因时制宜。而公示绩效考核结果的方式，也必然要与企业内部的管理环境、文化和氛围相关联和协调，应综合考虑绩效考核的实际情况。

10.2　如何进行一次成功的绩效面谈

成功的绩效反馈离不开绩效面谈，这是企业常用的一种反馈方式，本节将介绍企业的 HR 人员应如何进行一次成功的绩效面谈。

10.2.1　做好充足的准备

成功的绩效面谈来自开始前双方的精心准备，准备不足很可能让绩效面谈起到反效果。

李明是北京一家广告公司的市场部经理，何新是该公司市场部的新入职员工。李明根据月初制定的 KPI，逐一对员工进行了评分。按照以往的流程，在把考核表格返还给员工时，员工如果对分数有异议，可找他做绩效面谈。

由于这一次绩效影响到员工的薪资和升职，何新要求绩效面谈，因为这个月李明给了何新一个最低分。

何新希望李明能告诉他接下来的工作应该怎么做。但李明并没有做绩效面谈的准备，一时无言以对，只能简单地安慰何新，但具体如何调整考核指标、公司可提供什么样的帮助，李明没有明说，最后失望的何新选择了离职。

李明没有对与何新的绩效面谈做充足准备，也缺乏经验，简单地以调低绩效考核指标来敷衍何新，反而给何新带来了更重的危机感。

从这个案例中我们可以看出绩效面谈准备的重要性。具体准备工作如图 10-5 所示。

图10-5　如何做好绩效面谈准备

1. 做好面谈计划

明确本次绩效面谈的主题、目的及需要解决的问题。

2. 将自评表格发给员工

让员工有充足的时间准备各种考评材料，进行自我评估。

3. 准备好面谈内容或提纲

包括以下内容：绩效考核周期内的主要工作和目标完成情况，主要成果和个人进步情况，工作中存在的问题和不足，改进措施和实施计划，下一绩效考核周期的目标与实现方法，员工对团队绩效改进的看法或建议。

4. 准备好绩效考核数据

包括核算方法、评分标准等，要做到有理有据。除此之外，HR 人员还应收集各种与绩效相关的信息资料，比如原始记录、员工工作报告、计划、总结等。同时辅导、督促员工也收集相关信息，写出自评报告，确保双方面谈材料的基本一致。

充足的准备是成功的前提，不仅 HR 人员要做好考核准备，面谈员工也应做好相应准备，以保证绩效面谈的效果。

10.2.2 建立信任，营造良好氛围

一次成功的绩效面谈离不开面谈双方之间的信任与良好的面谈气氛。如果双方没有建立信任感，氛围紧张，员工就会把绩效面谈理解为走过场，或产生抵触心理，这样的面谈效果自然大打折扣。那么，HR 人员应该如何建立与面谈员工之间的信任感，营造良好的沟通氛围？

在绩效面谈中，HR 人员起主导作用，其表现直接影响到绩效面谈的效果。因此，HR 人员应注意以下几个方面的问题，具体如图 10-6 所示。

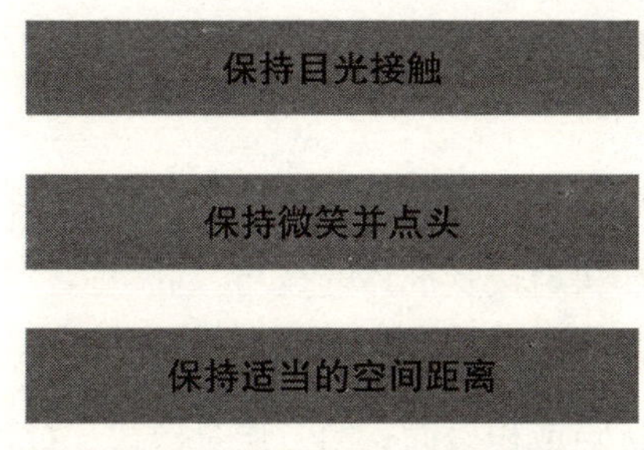

图10-6　HR人员应注意的问题

1. 保持目光接触

在绩效面谈过程中，HR 人员要用友好的目光与员工进行目光交流，但不要一直盯着员工，这会让员工产生强烈的心理压力。

2. 保持微笑并点头

在绩效面谈过程中，HR 人员应经常微笑并点头，用“嗯”“噢”“原来这样”等简单句子回应员工。这不仅能消除员工的紧张感，增添员工信心，还能表达对员工所讲的话题有兴趣。

3. 保持适当的空间距离

面对面沟通时，HR 人员应尽量保持身体前倾，可将小型会议室作为面谈场所，尽量拉近双方的距离，以加强员工与 HR 人员在心理上的亲密感。总之，面谈环境最好是一个可以使员工完全放松的地方。

除以上这些内容，HR 人员在面谈时要注意避免对立与冲突，HR 人员不要用领导的权威对员工进行压制，否则将破坏双方建立起来的信任关系，使面谈陷入僵局。

正确的做法是，HR 人员向员工解释清楚见解不同的地方，争取员工的理解，同时也要站在员工的角度为员工着想。对于已经证明是自己的错误的地方，HR 人员要勇于当面承认，只有这样才能赢得员工信任，使面谈氛围轻松友好，实现双赢。HR 人员还应注意在面谈过程中做到优缺点并重，不能只重视一方面而忽视另一方面。

面谈双方的信任关系与良好氛围是绩效面谈成功的基础，只有具备这个条件，绩效面谈才能有实际效果。

10.2.3 善用“三明治法则”

“三明治法则”是批评心理学中的法则，是指批评者把批评夹在两个表扬之间，使受批评者愉快地接受批评的技巧。

“三明治法则”是与员工进行绩效面谈的基本方式，第一层是肯定员工的工作，关注对方的优点或积极面；第二层是建议、批评或不同观点；第三层是鼓励、希望，提出改进方案，为员工勾画美好未来的图景。这种批评法不仅不会挫伤员工的自尊心和积极性，还会引导员工积极接受批评，并改正自己的不足方面，如图 10-7 所示。

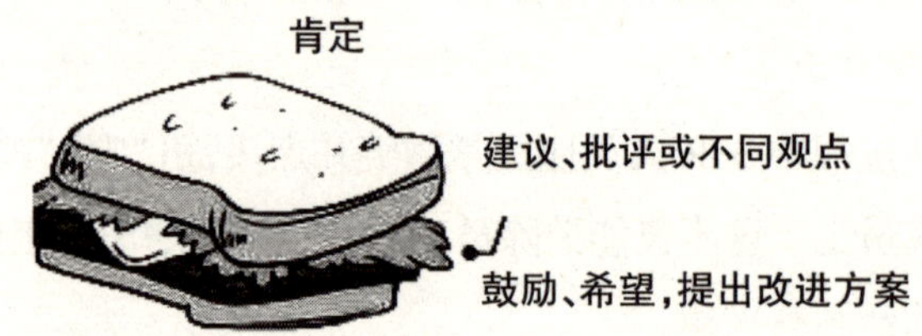

图10-7　“三明治法则”

下面我们通过一个例子来了解一下“三明治法则”如何运用。

韩城是北京一家公司的 HR 主管。前段时间，他发现自己的下属海明工作时经常不在状态，经常出现材料上交不及时、工作任务没有按时完成的情况，有时还会因此拖延整个部门的工作进度。

于是，韩城决定与海明沟通一番，督促海明认真对待工作。

韩城先是询问海明最近是否身体不舒服、家里是否遇到了什么事情。海明回答一切安好。

接下来，韩城根据“三明治法则”，对海明说：“海明，你来我们部门的那天，我就觉得你的个人能力很强，事实也是如此，你有很多工作都完成得很出色。”（肯定）

“但是，最近我却发现你的工作表现有些不太好。比如，最近你没有按照时间节点完成培训任务，前几天的培训材料你上交得也不及时。说实话，你的这些表现会让人觉得你工作不认真。”（建议、批评或不同观点）

“作为你的主管，我觉得有必要给你指出来。因为如果你继续保持这种状态，会对你在公司的晋升或下一步发展产生不利影响。我希望以后你能更加认真地对待工作，争取早日找回积极状态。”（鼓励、希望，提出改进方案）

这次谈话之后没过多久，海明给韩城发了一封邮件，感谢韩城给他的建议，并且表示他会认真改进。海明也的确很快改掉了做事拖拉的缺点，工作状态焕然一新。

HR 人员要明确，批评只是手段而不是目的，批评的目的在于改善员工行为。因此，如何批评非常重要。“三明治法则”的批评在不伤人的感情、不损坏人的自尊心的情况下，既指出了问题，同时也易于让员工接受，可以帮员工找回工作上的积极性。

10.2.4　挖掘绩效考核结果背后的成因

绩效管理的最大价值是帮助员工改善绩效，那么，HR 人员如何在绩效面谈时发现员工绩效不佳的原因，并制定有针对性的改善措施？

当员工绩效不佳时，HR 人员要首先明确员工是否知道自己绩效不佳。一般情况下，员工只要能认识到错误的存在，就会愿意去改正，但很多时候他们并不认为那是问题。

李雷是一家制造业企业后勤部的负责人，在最近一次的绩效考核中，李雷的考核结果并不太理想。

在 HR 人员与李雷的面谈中，HR 人员表示李雷的工作能力很强，其考核结果不理想是因为其工作中仍存在一些不足之处。原来，工厂的电路经常出现问题，其实很多时候是可以避免的，这是李雷工作的失误。HR 人员在绩效分析中发现，之所以出现这种问题，是因为李雷并没有定期检查电路系统的习惯，这是李雷在以后的工作中需要改进的。

在与 HR 人员面谈后，李雷了解了自己工作中的失误之处，制定了详细的电路系统检查方案。此后，工厂的电路问题果然少了很多。

在上述案例中，在与 HR 人员面谈之前，李雷并不知道自己的工作中存在失误，而 HR 人员通过绩效分析准确地找到了李雷工作中的不足，使其能够改进自己的工作。

HR 人员要想了解员工是否清楚自己绩效不佳，最好的办法就是问员工问题。主要问题如表 10-1 所示。

表10-1　HR人员要问员工的问题

1. 你如何得知自己的工作绩效
2. 你如何评价自己的表现
3. 你怎么知道自己的工作出现失误
4. 请叙述一下什么样的表现叫好的表现
5. 请叙述一下什么样的表现叫不好的表现

在这个前提下，HR 人员再进一步分析员工绩效。一般导致员工绩效不佳的主要因素有两种，如图 10-8 所示。

图10-8　导致员工绩效不佳的主要因素

1. 个人因素

指员工的个人性格、能力、天赋、兴趣爱好、知识储备、个人技能、价值观、风格等。如果员工之前的绩效一直优良，只是某一段时间出现了明显波动或下滑，HR 人员就要考虑员工的家庭因素，询问员工近期是否发生了影响其工作状态的状况。

2. 管理因素

HR 人员要考虑企业是否建立了明确的绩效目标、是否为员工提供了展现机会等问题。很多时候员工的表现就是企业的一面镜子，绩效表现不佳只是表象，管理不善才是本质。

因此，HR 人员不能简单地凭表面问题进行判断与处理，应深入挖掘造成员工绩效不佳的背后原因，也只有这样才能对症下药，真正解决问题。

10.3　处理不同绩效考核投诉的技巧

企业实施绩效管理后，员工难免会对绩效考核产生各种疑问，然后出现各类投诉，投诉一般包括对考核方式、程序不满，对考核结果有意见等，这需要 HR 人员客观分析、冷静对待，妥善处理好员工对绩效考核的投诉。

10.3.1　处理员工关于绩效考核方式的投诉：进行制度层面的解释

部分员工对绩效考核的方式并不认同。这种情况主要出现在考核制度变革的初期，在这一时期，企业绩效考核的设计还处在摸索阶段，考核方式不够明确，员工对于考核本身的理解也有偏差，最终导致不认可绩效考核方式的现象。

员工一般会对绩效考核方式产生哪些投诉？具体投诉类型如表 10-2 所示。

表10-2　员工对绩效考核方式的投诉类型

1. 不满意绩效考核制度，抵制考核，喜欢“大锅饭”管理
2. 不满意绩效考核的模式、方式及流程设计，对360° 考核法、平衡计分卡考核法、基于素质的考核法等考核方法理解不一致，对考核、相对考核的理解也不一致
3. 不满意设置的考核指标或者权重，比如财务部为什么要考核营收指标，采购部为什么要考核质量指标等
4. 不满意评价主体和程序，产生以下问题：“他又不了解我的工作，凭什么让他对我进行考核？”“考核领导说了算就行了，为什么还要横向评议，让同事考核我？”

面对这样的质疑与投诉，HR 人员应该先接受，因为这体现出了不同员工对考核的理解程度和角度的差异，企业可以从这些投诉中找到改进、完善措施。

那么，HR 人员应该怎么处理员工关于考核方式的投诉？

如果员工是对考核制度不理解，最好的处理方式是对员工进行制度设计层面的沟通和解释。HR 人员可以与相关部门合作，让员工参与到考核制度方面的讨论中。

如果是考核制度设计上有问题，HR 人员需要调整制度、方式及流程。

如果是员工理解上有偏差，HR 人员需要在更大的范围内宣传考核制度，并针对异议进行沟通。

HR 人员与员工沟通得越多、范围越广，绩效考核就越能深入人心，被员工所接受，绩效考核也就会更完善、更适合企业的发展。

10.3.2 处理员工关于绩效考核结果应用的投诉：绩效等级认同

绩效考核是很多企业都在进行的工作，考核结果出来之后，企业的 HR 部门和业务部门会采取相应的绩效考核处理措施，将绩效考核结果应用于员工的薪酬、晋升、奖金、培训等多个模块。有些员工会对绩效考核结果应用表示不满，企业可用绩效等级认同的方式解决员工对绩效考核结果应用的质疑。

华为一直坚持用以结果为导向的思维来考核员工，这种以结果为导向的绩效考核与华为的末位淘汰制直接挂钩。如果某个员工在年度绩效考核时考核结果不达标，他就有可能被华为开除。

华为的绩效考核将员工划分为 5 个等级，每个等级的绩效奖金差别在 5000 ~ 10000 元间，绩效考核结果按比例强制分布，如表 10-3 所示。

表10-3 华为绩效等级

<table>
<tr><th>序号</th><th>绩效等级</th><th colspan="2">比例范围</th><th>备注</th></tr>
<tr><td>1</td><td>A</td><td rowspan="2">≤50%</td><td>10%～15%</td><td>潜在规定</td></tr>
<tr><td>2</td><td>B+</td><td>≤45%</td><td></td></tr>
<tr><td>3</td><td>B</td><td colspan="2">40%～50%</td><td></td></tr>
<tr><td>4</td><td>C</td><td colspan="2" rowspan="2">5%～10%</td><td rowspan="2">强制比例限制，具体C、D等级比例未限制</td></tr>
<tr><td>5</td><td>D</td></tr>
</table>

如表 10-3 所示，A 等级员工占比 10% ~ 15%，B+ 等级员工占比为不超过 45%，同时 A 等级员工与 B+ 等级员工总和占比不超过 50%。B 等级员

工占比为 40% ~ 50%，C 和 D 两个等级的员工共占比为 5% ~ 10%。D 等级为最末一等，该等级员工将要被淘汰，奖金也要比别的员工少拿许多。

华为这样的考核制度会促使员工聚焦于自己的工作和业绩，提升企业管理的透明度。员工通过绩效考核单中的详细指标，可以清楚地看到自己在过去的工作中，什么做得好，什么做得不到位。

除此之外，绩效考核单也能清楚地展示员工的表现，即便有员工拿到的奖金较少，也不会心生不满，认为自己比别的同事吃亏。

通过华为的案例可以看出，企业有一个清晰且受认可的绩效等级有多重要，不仅能减少员工的投诉，还能激励员工努力工作。华为能成功地将绩效考核结果应用于奖金发放，离不开员工对它的绩效等级的认同。

很多时候，员工对于绩效考核结果应用不满不是因为调薪幅度不够，而是因为自己的工作没有得到认可。如果 HR 人员在处理员工的投诉时，告诉他他的考评结果是优秀的，员工就不会再对调薪幅度不满，因为这个时候，调薪幅度不再与个人绩效完全相关，员工易于接受考核的结果。

10.3.3　处理员工关于绩效考核结果的投诉：适当接纳，保证公平

绩效考核的结果与员工的利益息息相关，因此员工格外重视这一点，大多数对绩效考核结果的投诉如表 10-4 所示。

表10-4　员工对绩效考核结果的投诉

员工对绩效考核结果的投诉
1. 质疑考核标准（每项工作我都在规定时间内完成了，为什么考核等级还是“须改进”？）
2. 期望和结果偏差较大（上级从来没有对我的工作提出质疑，上次还表扬了我，为什么我的考核结果却是“不合格”？）
3. 横向比较不满意（为什么得D的是我，得A的是××，明明我比他努力、认真。）
4. 认为领导不公平（领导任人唯亲，不准我有不同意见，还对我打击报复。）

那么面对员工对于绩效考核结果的投诉，HR 人员应该如何处理？可以从以下几个维度考虑。

1. 接纳员工的感受，及时受理投诉

如因 HR 人员负责绩效考核，而使员工对 HR 人员心生不满，HR 人员应先接纳员工的情绪，调整好自己的心态后，分析员工投诉的态度，多听少说，做好投诉记录，并明确告知员工绩效考核申诉的时间。

2. 分析员工的投诉动机

HR 人员要明确员工为什么要投诉，让他有异议的点是什么，员工是不满意结果，还是不满意方式及程序等问题。

3. 进行公正客观的投诉调查

HR 人员应做到对事不对人，找出让员工产生不满并进行投诉的原因。同时 HR 人员还要确保绩效评定程序的公正性，考虑员工是否有机会自评、主管是否收集了周边意见、结果是否进行了管理层评议或审批等问题。

4. 帮助员工正确面对绩效考核结果，解决“垫背思想”

在考核结果公平公正的前提下，HR 人员要让员工先对照绩效标准了解考核结果，再向员工证明此次考核是全面绩效评价，最后向员工明确 ×× 员工是否应该得 A 不在本次讨论范围之内，以免使绩效投诉更加复杂。

员工对绩效考核结果有疑问一方面是难以将自己的努力与结果相匹配，另一方面是不相信考核结果。这个时候，HR 人员要做的是消除员工的负面情绪，帮助员工深入认识绩效考核，以免处理不及时而导致员工产生消极情绪。

第 11 章 绩效改进：策略 + 完整流程 + 注意事项

绩效改进在绩效考核结束后实施应用，HR 人员通过绩效考核确认了绩效的不足和差距，查明出现问题的原因后，就可以制定并采取有针对性的绩效改进方案，以提高员工的工作能力。

在进行绩效改进的过程中，HR 人员要明确绩效改进的策略、完整流程及注意事项。

11.1　绩效改进的两大策略

绩效改进不能盲目进行，需要具体的改进策略，其中两个重点策略是预防性策略与制止性策略，合理利用这两个策略可以帮助企业的 HR 人员实施绩效改进。

11.1.1　预防性策略：告诉员工行为准则

预防性策略是指在绩效改进计划实施之前，由 HR 人员制定出清晰的绩效考核标准，并明确告诉员工应该如何完成计划，什么是正确的、可行的行为，什么是错误的、须避免的行为，并通过系统性的培训，帮助员工掌握全部的作业步骤和方法，从而有效预防员工在工作中出现降低绩效的行为，并要求员工提前为绩效改进后的工作计划做准备。

倪浩是上海一家营销公司刚入职半年的市场部专员。该公司到 2018 年 12 月为止，已经实施了整整两年的绩效管理，绩效管理的每一环节都已形成了固定的模式。

倪浩 2018 年年中入职，正好错过了公司的半年绩效考核，2018 年 12 月他第一次正式接触该公司的绩效管理。他本以为绩效考核就是由 HR 人员对员工这半年的工作情况进行评分，然后公司再根据得分调整员工的职位、薪酬。

但实际上，该公司的绩效管理远没有那么简单，绩效考核环节除了需要 HR 人员评分，该公司还要求员工自评、同事互评，同时还要进行绩效反馈，让员工与 HR 人员面对面谈话，共同找出存在的问题与不足，并制订相应的改进计划。

倪浩以为公司的绩效考核到此就结束了，但是在制订好绩效改进计划后，HR 人员又约他谈话，就绩效改进计划中提到的措施与问题进行了一番详细的讨论，并且再三向倪浩表示，如果在实施计划的时候遇到问题、缺少资源，一定要及时反馈。倪浩觉得自己很受公司重视，即便公司的工资水平一般也没有想过离职，一步一步最终成为公司的骨干力量。

在这一过程中，该公司的 HR 人员在绩效改进中起到了引导、帮扶的作用。帮助员工提前了解绩效改进计划，解决员工的疑难问题，减少员工在具体实施绩效改进计划时出现的误差，保证绩效改进的实际效果，这就是预防性策略的作用。

11.1.2 制止性策略：跟踪员工的行为

制止性策略是指企业的 HR 人员在员工的工作过程中，实时跟踪检查和监测员工的工作行为和计划实施情况，以及时发现员工的问题并进行纠正，并由 HR 人员实施全面、全过程的监督和引导，让员工改掉自己的不足，发挥自己的特长，避免员工在错误的道路上越走越远，最终目标是发挥绩效改进的作用，提高员工的工作业绩。

企业的 HR 人员要定期填写员工绩效改进跟踪表，以跟踪和监控员工的计划实施情况。员工绩效改进跟踪表如表 11-1 所示。

表11-1　员工绩效改进跟踪表

<table>
<tr><td>姓名</td><td></td><td>部门</td><td></td><td>岗位</td><td></td></tr>
<tr><td colspan="6">一、员工绩效摘要</td></tr>
<tr><td rowspan="4">杰出的绩效（按重要性排列）</td><td colspan="5">1.</td></tr>
<tr><td colspan="5">2.</td></tr>
<tr><td colspan="5">3.</td></tr>
<tr><td colspan="5">4.</td></tr>
<tr><td rowspan="4">需要改进的绩效（按重要性排列）</td><td colspan="5">1.</td></tr>
<tr><td colspan="5">2.</td></tr>
<tr><td colspan="5">3.</td></tr>
<tr><td colspan="5">4.</td></tr>
<tr><td colspan="6">二、绩效改进计划</td></tr>
<tr><td colspan="2">具体的行动</td><td colspan="2">完成时间</td><td colspan="2">完成效果（是否达到目标）</td></tr>
<tr><td colspan="2"></td><td colspan="2"></td><td colspan="2"></td></tr>
<tr><td colspan="2"></td><td colspan="2"></td><td colspan="2"></td></tr>
<tr><td colspan="2"></td><td colspan="2"></td><td colspan="2"></td></tr>
<tr><td>被考核员工签名</td><td></td><td>HR人员签名</td><td></td><td>部门主管签名</td><td></td></tr>
<tr><td>备注</td><td colspan="5">须行政部/文档管理经理备案</td></tr>
</table>

HR 人员跟踪员工的绩效改进计划实施情况时，要遵循以下 2 个原则。

1. 及时性

无论是填写跟踪表，还是制止员工的错误行为，HR 人员都一定要做到及时，只有这样才能把问题带来的损失降到最低。

2. 同一性

HR 人员要公平对待每一位员工，无论任何时间、处于任何职位，当出现记录、制止需要时，要采用同一标准进行，不能今天记录，明天不记；关系差的记录，关系好的不记。

HR 人员要明确，实施制止性策略的目的是及时止损，而不是用于批评。

11.2　绩效改进的完整流程

HR 人员要想做好绩效改进，除了要明确绩效改进的策略，还要掌握绩效改进的完整流程。

11.2.1　回顾绩效考核结果

绩效改进是绩效考核的后续工作，所以，企业的 HR 人员不能将绩效考核与绩效改进两个环节的工作分开来考虑，绩效改进的第一步就是回顾绩效考核结果。

上海有一家做网络机顶盒的公司，公司运营模式为产销研一体，现有员工近 80 人。公司从 2017 年年底开始推行绩效管理，目前采用月度绩效考核方式，一般情况下绩效考核结束后，HR 人员会制订绩效改进计划，员工需要确认签字。

2018 年 11 月的绩效改进计划早就下发给员工了，大部分员工也已经签完字，进入下一个环节了，但还有一个员工没有签字确认。

HR 人员找他签字时，他很生气地说："你们的绩效改进计划跟我的绩效考核结果关系并不大，这样的计划根本解决不了我的问题，我不会签字的。"

从这个案例中我们可以看出，HR 人员在制订绩效改进计划时，一定要先回顾绩效考核的结果。HR 人员应该怎么做？具体方法如图 11-1 所示。

图11-1　HR人员回顾绩效考核结果的方法

1. 横向比较分析

HR 人员以绩效考核指标、部门、岗位作为变化量，进行同一个考核期内的比较分析。

2. 纵向比较分析

HR 人员以绩效考核指标、部门、岗位作为变化量，对不同考核期的同一考核指标进行比较分析。

HR 人员通过对员工、部门、企业本期考核结果与上期考核结果的对比分析，能找到引起员工绩效差距的内在原因，从而达到有针对性地为员工制订绩效改进计划的目的。

3. HR 人员与被考核员工意见达成一致

首先，HR 人员应肯定员工在绩效考核期内的工作表现和优点，对员工进行激励。其次，HR 人员要指出员工的绩效中存在的不足之处和目前绩效表现尚可但仍须改进的地方。

完成这一步后，HR 人员和员工可以逐项沟通绩效考核表格中的内容，在双方意见基本达成一致后再开始制订绩效改进计划。

绩效考核结果是制订绩效改进计划的前提和基础，HR 人员一定要先明确绩效考核结果，以免绩效改进计划不符合员工所需。

11.2.2 找出有待提高的方面

HR 人员在完成回顾绩效考核结果这一环节后，基本上就可以找出员工有待提高的方面了，包括员工的工作能力、方法、习惯等方面。这些方面应该是可以通过员工的努力得以改善和提高的。

一般情况下，绩效改进计划中，HR 人员所选择的员工有待提高的方面是最为迫切地需要提高的。因为员工需要提高的方面有很多，但不可能在短短的几个月、半年或一年的时间内全部得到改善，所以应该有所选择、偏重。而且员工的精力有限，能够改善和提高的内容也非常有限。

张元是上海一家手机硬件生产企业入职半年的市场专员，他所在的公司预计在 2020 年 7 月举办一场展会，以扩大公司的客户规模。

2020 年 1 月，该公司进行了年度绩效考核，在预期发展目标的基础下，该公司 HR 人员为张元制订了绩效改进计划。张元一开始认为这是公司重视自己，决心做出一番事业回报公司。

但当他看到真正的绩效改进计划时，却觉得很失望，因为这份绩效改进计划与部门其他同事的一模一样，而其他同事都是入职两年多的“老人”。这份绩效改进计划并不能帮助他成长，因此，张元的工作状态陷入低迷，有工作也不再冲在前头。

通过张元的案例我们可以看出，绩效改进计划如果没有针对性，那还不如没有。而针对性离不开 HR 人员对员工需要提高的方面的选择。那么，HR 人员具体应该怎么做？下面给出几点意见，如图 11-2 所示。

重审绩效不佳的原因

从员工推荐的地方着手　　从易出成效的地方开始

图11-2　HR人员如何选择员工需要提高的方面

1. 重审绩效不佳的原因

这一步与回顾绩效考核结果类似。HR 人员可以综合考虑各方面的评价与绩效考核的结果。

2. 从员工推荐的地方着手

员工通常会选取自己最想、最需要提高的方面，或自己认为最容易提高的方面。HR 人员听从员工的意见会提高员工绩效改进的积极性。

3. 从易出成效的地方开始

没有成就感的工作并不能充分调动员工的积极性。HR 人员从易出成效的地方开始改进绩效，改进效果立竿见影，员工也能收获满满的成就感。HR 人员顺势再继续其他方面的改进，员工就不会产生抵抗心理了。

以上 3 点是 HR 人员在选择员工需要提高的方面时要考虑的因素，管理人员要能及时发现员工的不足，并选择员工需要提高的方面，达到让员工不断进步的目的。

11.2.3　确定绩效改进的具体措施

在回顾绩效考核结果、选择需要提高的方面之后，HR 人员接下来要做的就是帮助员工确定绩效改进的具体措施。

HR 人员有多种帮助员工进行绩效改进的措施，包括组织培训、征求同事的反馈建议、工作轮换、参加特别小组、参加协会组织等，这些方法都可以帮员工提高其工作能力。那么，HR 人员如何根据不同员工的特点来确定绩效改进的具体措施？这需要具体分析员工的自身特点和外部环境对其产生的影响，再根据员工的个人情况来确定绩效改进的具体措施。

张云是一家网络游戏公司测试部的老员工，他已经在该公司工作了两年。近期该公司要调整人事结构，想要让张云在 2019 年再带领一个组，测试别的项目，因此 2018 年 12 月，该公司的 HR 人员与测试部部门主管就张云 2018 年的绩效，与张云进行了一次绩效面谈，目的在于找出张云目前所存在的问题，并找到相应的解决措施，以帮助张云快速适应新的职位，做好工作。

该公司的 HR 人员、测试部部门主管主要从以下几个方面来分析张云绩效中的问题，并以此来确定绩效改进的具体措施，如图 11-3 所示。

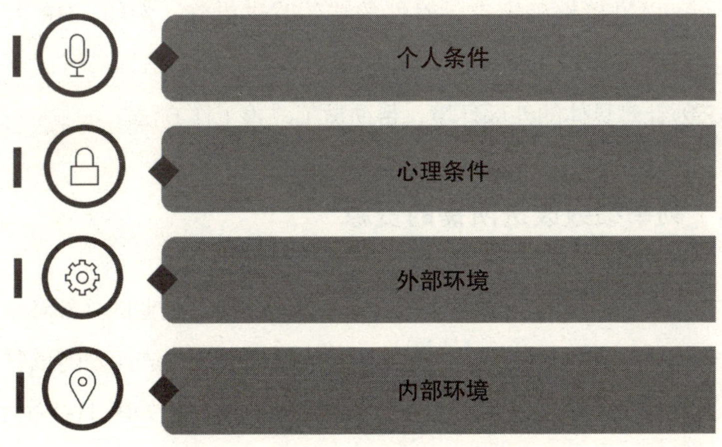

图11-3　分析绩效问题的几个方面

1. 个人条件

具体包括年龄、能力、经验、家庭状况等。张云目前已在该公司工作两年，熟知工作流程，能承担起相应的工作职责，而且张云是本地人，公司与家的距离较近，还未结婚，能适应高强度的工作。

2. 心理条件

具体包括性格、态度、兴趣、动机、价值观等。心理条件不同，适用的绩效改进措施也不同。张云工作能力强但是较为内向，HR 人员就需要提醒其调整在工作中表现出来的性格。

3. 外部环境

具体包括外部资源、市场、客户、对手、机遇等，是指能对员工绩效产生影响的各种外部力量。

4. 内部环境

具体包括内部资源、组织、文化、人力资源制度等方面。HR 人员与测试部部门主管向张云详细讲述了他接下来的工作内容和资源分配，为其改进绩效提供了基础。

HR 人员与测试部部门主管通过对张云以上 4 个方面的了解，很快便针对其特点确定了绩效改进的具体措施，制订出了合适的绩效改进计划。

总之，HR 人员通过分析员工的个人条件、心理条件、外部环境、内部环境，可以准确地确定有针对性的绩效改进措施。例如，HR 人员确定了员工的绩效差距产生的原因是由于外部环境，内部培训等方式不起作用时，就必须针对具体的外部环境，帮助员工改善工作方法。

11.2.4 列举绩效改进所需的资源

前文介绍了如何确定绩效改进的具体措施，涉及企业的外部环境与内部环境，它们都与资源有关，这也是 HR 人员制订绩效改进计划的重要因素。

员工要落实绩效改进计划需要的资源主要有两种，如图 11-4 所示。

图11-4　资源的种类

有形资源是以物质形态存在的资源，如厂房、现金、人员和客户；无形资源是没有物质形态的资源，如产品质量、员工技能、市场声誉等。除此之外，还包括工作任务的分担、学习时间、培训机会、硬件设备等。

资源在众多方面直接影响员工的绩效和企业的绩效，因此，HR 人员一定要统筹安排，合理分配资源，为员工提供帮助，尽量为员工绩效的改进创造良好的内外环境，才能帮助员工提高绩效，推动企业的发展。

帮助员工改进绩效，可能会涉及很多资源，HR 人员具体应该怎么做，才能为员工提供需要的资源？其中最主要的办法是与员工进行绩效面谈，与员工共同讨论所需要的资源，并列举出来。

前文中提到了一家网络游戏公司为测试部的老员工张云确定绩效改进措施，我们再来看看在这一环节，他们是如何做的。

该公司为张云制定的职业规划是让张云担任测试部二组的组长，工作内容与一组不重合且难度更大，为了让张云能更好地承担起这份责任，在确定绩效改进的具体措施这一环节，HR 人员与测试部部门主管详细地分析了张云这一年的工作绩效与他存在的问题，其中最大的问题是张云不太会处理与同事之间的关系。

为解决这一问题，HR 人员与测试部部门主管决定为张云提供领导力培训，需要张云外出学习一个月，然后由 HR 人员带领张云学习如何处理该公司的员工关系，同时还为张云提供了一些公司内部的视频与文字资料，帮助张云更好地提高领导力。

HR 人员与测试部部门主管需要先把这些资源列举出来，形成文档，交由公司高层批准方可实施。该公司为张云提供的这些培训、资料就属于必要的资源。

在这一步要注意，除了最终要获得领导的批准，还要注意与员工达成一致意见，以免员工不满意从而影响到绩效改进的效果。

11.2.5　签订正式的绩效改进计划

经过以上 4 个流程后，绩效改进计划已大致形成，这个时候不能忽略的重要一步就是与员工签订正式的绩效改进计划并由双方签字确认。

这需要 HR 人员征求相关领导的意见，达成一致后，统一填写绩效改进计划表，并由被考核员工、直接上级、HR 人员和各部门相关人员共同签字确认，才能正式进入绩效改进计划的实施阶段。

上海有一家做木雕外贸生意的家族企业，总经理准备在 2019 年实行新的绩效考核方法。该企业有一些部门由总经理亲戚张勇直接管理，张勇习惯了做月计划的时候不签字，最后交由助理统一审核。

但张勇工作太忙，没有时间召开部门会议，各部门领导所上交的计划通常不能很好地将张勇的要求传达下去，只能由助理根据张勇的要求对这些工作计划进行修改，基本采用邮件往来的方式。张勇认为签字是对员工及他本人的不信任，比较抗拒。

由于没有签字的习惯，该企业的绩效改进流程走得很快，但正是因为没有签字，绩效改进计划没有明确的负责人，遇到问题也难以快速解决，基本最后都由员工承担相应责任，大大降低了员工对实施绩效改进计划的积极性。

从这个案例中我们可以看出签订正式的绩效改进计划的重要性。

对于企业的 HR 人员而言，签字能明确个人的相应责任，为绩效改进计划的实施提供保障。

对于企业的员工而言，签字能让员工放心大胆地实施绩效改进计划，能更充分地获得、使用自己需要的资源。

另外，当员工亲自参与绩效改进计划的制订过程并借助签字做出公开表态时，他们一般会坚定自己的立场，为自己的选择负责，在遇到内外部力量的阻碍时也不会轻易改变或放弃。

如果只是口头确定了计划，没有进行正式签字，就很难保证员工坚持执行这些计划，HR 人员也可能会为自己的监督不力找理由、推卸责任，最终导致绩效改进计划流于形式。

11.3　绩效改进的注意事项

没有绩效改进，企业的绩效管理就没有实际意义，因此，绩效改进是企业必不可少的一环，在企业实施绩效改进时，要注意以下几点，以保证绩效改进的实际效果。

11.3.1　“先技控，再人控”

绩效改进强调的是找到与运用更高效率的方法，打造与培养更高水平的人才队伍。企业在进行绩效改进时应遵循先优化环境因素，再重塑工作流程，最后发展个人能力的顺序，也就是“先技控，再人控”。

“技控”是指 BEM（吉尔伯特行为工程）模型中有关环境的因素，也就是数据、信息和反馈，资源、流程和工具，后果、激励和奖励等；“人控”针对的是个体因素，关注提升员工知识技能、发掘员工天赋潜能、修正员工态度动机等（如图 11-5 所示）。

“先技控，再人控”是指 HR 人员要根据 BEM 模型的要求设计改进方案，以达到让绩效考核结果达成更简单，让工作更简单，更好地关注、关心员工的目的。

环境因素	数据、信息和反馈	35%
	资源、流程和工具	26%
	后果、激励和奖励	14%
个体因素	知识技能	11%
	天赋潜能	8%
	态度动机	6%

图11-5　“先技控，再人控”

从绩效改进“先技控，再人控”的原则出发，这 6 个因素的重要性便显而易见了，根据对绩效影响的百分比可以看出其重要性。

HR 人员在实施绩效改进时，要掌握绩效改进的工具理念，明确“先技控，再人控”的具体内容，与员工一起圆满完成绩效改进工作。

11.3.2 与员工保持良好的互动

实施绩效改进时，HR 人员需要注意的第二个事项是要与员工保持良好的互动。

员工和 HR 人员通过沟通共同制订了绩效改进计划，签订了绩效改进计划，但这并不代表绩效改进到此结束。

在员工执行绩效改进计划的过程中，HR 人员还必须与员工保持良好的互动。具体有以下两点原因：一是绩效改进计划有可能随着环境的变化而变得不切实际或出现未知的阻碍因素，这时就需要 HR 人员根据员工的反馈对计划进行改进；二是员工在执行绩效改进计划时可能会遇到各种各样的困难与问题，他们希望自己处于困境时能得到 HR 人员的帮助。而持续良好的互动是保持员工与 HR 人员之间联系的最佳方法，有助于问题及时得到解决。

在北京的一家电商企业里，销售人员王亮在此前的绩效考核中表现得不太理想，该公司的 HR 人员为其制订了十分具有针对性的绩效改进计划。

在王亮实施绩效改进计划的同时，HR 人员经常与王亮进行邮件交流，了解王亮的培训进程，以及确保对绩效改进计划中相关内容的全盘掌握。通过这些方法，HR 人员就能及时为王亮调整绩效改进计划的重点。

除了以上这些方法，HR 人员还可以利用哪些方法保持与员工之间的沟通？如图 11-6 所示。

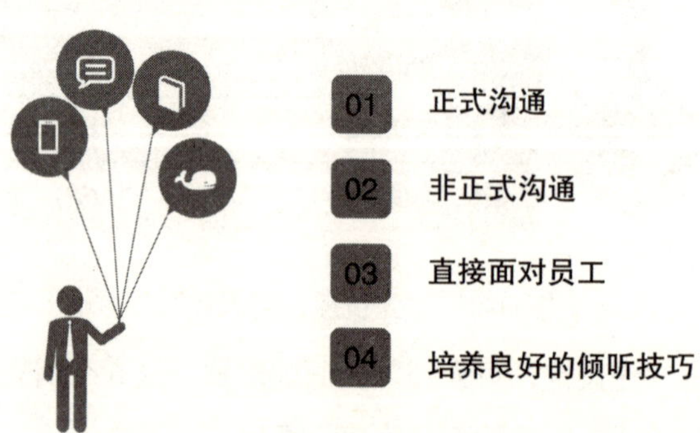

图11-6　HR人员与员工沟通的方法

1. 正式沟通

HR 人员可采用定期面谈、书面报告、咨询、会议和进展回顾等正式沟通方式，明确员工在每一阶段的职责与任务和下一阶段对应工作目标的重点等。

2. 非正式沟通

HR 人员可采用闲聊、娱乐等非正式沟通方式，还可以进行走动式管理或开放式办公，随时向员工传递工作过程中产生的信息。

3. 直接面对员工

HR 人员要直接面对员工，掌握第一手工作进展信息，可以与员工一起有的放矢地探讨有针对性的主题，为员工提供有针对性的辅导，确保员工绩效改进的效果。

4. 培养良好的倾听技巧

HR 人员需要培养良好的倾听技巧，除了要倾听员工本人的话，还要通过工作中别人的语言来了解员工遇到的问题或困难。

通过以上 4 个方法，能拉近 HR 人员与员工之间的距离，提高绩效改进的效果。

11.3.3 重视正强化的运用

HR 人员可以运用正强化的方法进行绩效改进，提高员工工作效率。

正强化是指给予员工正向激励，以使有益行为得到进一步强化，促使员工某种行为反复出现，从而有利于绩效改进计划的实现。正强化的过程分为 3 个阶段，如图 11-7 所示。

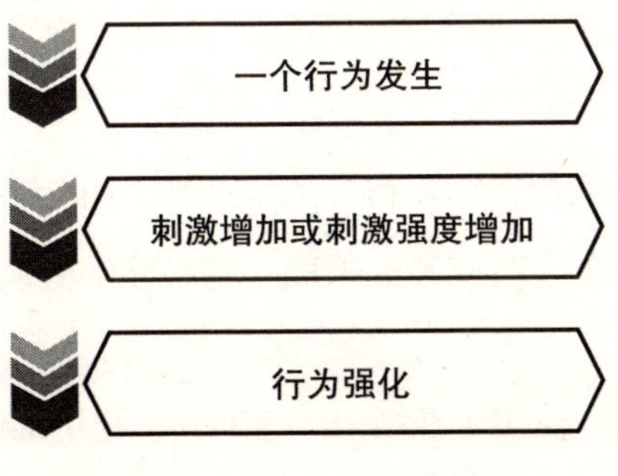

图11-7　正强化的过程

当员工出现有益行为后，HR 人员要能从正面、积极的角度给予某种刺激。

在一家手机配件制造公司中，为了加强员工对绩效管理的认识，提高员工执行绩效改进计划的积极性，HR 人员要求在公司实施正强化法，对员工的执行成果表示肯定，员工也因为公司的肯定一直保持着对绩效管理与绩效改进的热情，积极主动落实绩效改进计划。

从这个案例中我们可以看出，正强化可以带给员工信心，让员工感到工作的愉快，从而激励他们继续努力执行绩效改进的措施。

对企业来说，正确适度地利用正强化手段可以促使员工端正态度，更快更好地提升员工表现，那么，HR 人员具体应该怎么使用正强化？

1. 注意正强化的时效性

正强化的时间对于强化效果有较大的影响。有益行为发生的时间与表扬的时间距离越远，表扬的激励效果就越弱。

2. 坚持适度性原则

有时，过多的正强化会淡化员工的内心驱动力，所以适度性原则也是正强化的一个重要原则。

3. 因人制宜

不同人的需要在不同的阶段有所不同，存在着个体差异。

HR 人员在使用正强化的方法时，要注意以上 3 点，以保证绩效改进的实际效果。

11.3.4 适当采取一些处罚措施

在绩效改进的过程中，如果改进效果不佳，而这一结果是员工个人主观因素造成的，如对绩效改进不积极、不主动等，HR 人员采取帮助措施仍然不能有效果，那么 HR 人员应考虑采取一些必要的处罚措施，如岗位下调、取消奖金等。

北京一家公司的一位美工在绩效改进期间，利用工作中的学习时间做兼职，刚好被总经理发现，于是这位美工被罚款 500 元，理由是工作时间做与工作无关的事情，他的直接上司也被罚了 500 元，理由是管理不当。这位美工不服，认为这个时间是公司给他的自由时间，他有权安排自己的工作。

对于这位美工的“强词夺理”，HR 人员向他解释了公司的相关规定及为什么给他这部分自由时间，最后，这位美工心服口服地交上了罚款，且没有再犯。

这个案例告诉我们，即便是处罚员工也要遵循一定的原则。具体有哪些原则？如图 11-8 所示。

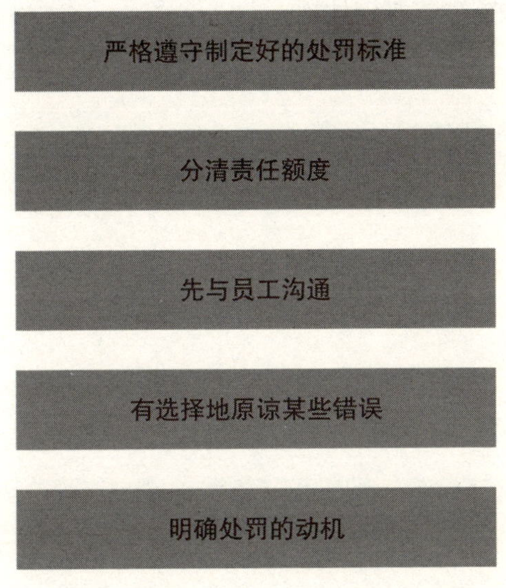

图11-8　正确处罚员工要遵循的原则

1. 严格遵守制定好的处罚标准

处罚本就是一种会让员工产生反感情绪的手段，如果 HR 人员在处罚员工时没有标准，过于随意，便无法让员工心服口服，必定会为今后的管理埋下隐患。

2. 分清责任额度

在团队中，责任是一整个链条，没有独立的责任，也没有偶然发生的问题，因此 HR 人员必须分清责任的主次，做出相应的处罚。

3. 先与员工沟通

让员工明确为什么要处罚他、所要采取的措施是怎样的。

4. 有选择地原谅某些错误

处罚是手段而非目的，有些影响不大的无意犯错、初次犯错都可以被原谅，而真正需要重罚的是故意犯错、重复犯错。

5. 明确处罚的动机

处罚的目的是帮助员工认识错误，而不是恶意敛财。企业可以设立内部基金，让每笔罚款都直接进入内部基金，专款专用，同时每月公开内部奖罚明细，以免落下口实。

HR 人员要始终明白，处罚只是手段而不是目的，最终还是要通过处罚措施来推动员工落实绩效改进计划。

薪酬篇

HR人员的高效薪酬管理

第 12 章 薪酬总额：统计与预算的学问

薪酬总额是指企业在一定时期内直接支付给员工的劳动报酬总额，包括企业所有员工的工资、加班费、奖金、岗位补贴、福利费、劳动保险费、培训经费等费用开支。

HR 人员作为薪酬管理的执行者，一定要学习薪酬总额统计和预算，了解薪酬总额统计的注意事项并精通薪酬总额预算的步骤。

12.1 薪酬总额统计 VS 薪酬总额预算

薪酬总额统计工作是薪酬专员日常薪酬管理工作的重要一项，包括数据收集和统计汇总两个方面。薪酬总额预算是 HR 人员对薪酬成本开支方面的权衡和取舍，是薪酬控制的手段之一，企业进行薪酬总额预算是为了实现对薪酬总额的控制。

这两者都是企业薪酬管理必不可少的环节，但这两者具体又有什么关系？本节将对您详细解析。

12.1.1 薪酬总额统计为进行薪酬总额预算奠定了坚实基础

薪酬总额预算涉及的内容包括标准工资总额，津贴总额，加班、福利等总额，提成，年终奖等内容，是企业 HR 人员在薪酬管理过程中对成本开支等方面的权衡与取舍，是组织规划过程的重要部分。一般情况下，薪酬总额统计是薪酬总额预算的坚实基础。

1. 薪酬总额预算通过对未来薪酬系统总体支出的预测和工资增长的预测，能保证未来财政支出的可调整性和可控制性。而这一点的实现来自 HR 人员能及时、准确地进行薪酬的日常统计与汇总。薪酬总额预算必须在薪酬日常支出的实际情况的基础上再计算增量。

2. 通过薪酬总额的历史统计数据，HR 人员可以直观地看到企业的薪酬策略、薪酬分布、薪酬水平、薪酬结构、人员流动等重要指标，这些指标是薪酬预算的重要依据。

因此，在企业经营业务调整变化较小或不变、外部市场环境相对稳定的前提下，企业上一年的薪酬总额基本可以作为本年度的薪酬总额预算。

企业如何通过薪酬总额预算与薪酬总额统计的关系，做好薪酬总额预算？

企业的 HR 人员可以通过已填写好的月工资明细表，月劳务费明细表，月绩效、奖金明细表，月补贴明细表，部门月薪酬汇总表等月度薪酬表格，汇总月度薪酬。

根据月度薪酬汇总，基本可以形成季度、半年度和年度的薪酬汇总的相关数据。HR 人员在进行周期性汇总时，除了叠加基础数据，还可以从薪酬支出类别、员工、部门、时间等不同维度上进行汇总，为接下来的薪酬分析报告做好数据准备。

薪酬总额统计是将企业已实施的薪酬总额支出、策略等进行汇总分类，因此，通过薪酬总额统计得到的数据，可帮助企业的 HR 人员进行薪酬总额预算。

12.1.2 薪酬总额统计不能直接代替薪酬总额预算

制定薪酬总额预算要在薪酬总额统计的基础上进行，薪酬总额统计所涉及的数据与资料均可用于薪酬总额预算，但这并不意味着薪酬总额统计可以代替薪酬总额预算。

相比于薪酬总额统计，薪酬总额预算需要考虑的因素多一些，其中最重要的是与企业内部运营变化、外部环境变化相关的因素。

企业内部运营变化包括企业的薪酬支付能力、薪酬策略、薪酬结构、人员流动情况、招聘计划、薪酬满意度等人力资源各方面的变化。外部环境变化主要包括市场情况、市场薪酬水平、标杆企业或竞争对手的薪酬支付水平等方面的变化及变化趋势。而薪酬总额统计只是对企业的各项薪酬支出进行统计汇总。

做薪酬总额预算时还要预测未来的变化，包括预测企业未来的经营变化、业绩情况、人员调整、相关政策法规的调整、市场薪酬水平的变化等内容，这些因素会随着企业的发展而出现变化，会直接影响未来薪酬的支出情况。因此，薪酬总额统计不能代替薪酬总额预算。

12.2 薪酬总额统计的注意事项

做好薪酬总额统计工作，才能做好薪酬总额预算，HR 人员在进行这一步的工作时，有几点注意事项，做到这些，才能保证薪酬总额统计的准确性。

12.2.1 尽力避免重复和遗漏

由于薪酬总额统计工作涉及企业一整年工作中的各种方面，涉及的数据烦琐又庞杂，薪酬总额中的有些数据具有包含关系，因此，HR 人员在做这一项工作时，容易出现重复和遗漏这两个问题。

重复问题主要出现在个人所得税、社会保险个人部分、住房公积金个人部分等方面。一般情况下，员工在不超过本人上一年度月平均工资 12% 的幅度内，其实际缴存的住房公积金，允许在个人应纳税所得额中扣除。

企业和员工个人缴存住房公积金的月平均工资不得超过工作地所在城市上一年度月平均工资的 3 倍。企业和员工个人超过上述规定比例和标准缴付的住房公积金，应将超过部分并入员工个人当期的工资、薪金收入，计征个人所得税。

简单来说，个人所得税、社会保险个人部分、住房公积金个人部分的数据总额已经包含在员工个人税前工资额中，计算薪酬总额时，HR 人员只需要将税前工资总额算入薪酬总额统计中，不必再统计这些包含的数据，否则会导致数据重复统计。

韩亮目前的每月工资是 3364 元，其中公司缴纳社会保险 908.28 元，个人缴纳 353.22 元，实际到手的工资为 3010.78 元。公司交的社会保险 908.28 元在企业所得税税前扣除，个税不可以扣除，因为公司缴纳的费用和工资没关系。而个人的 353.22 元可以扣除，3364 － 353.22 ＝ 3010.78（元），没有超过 5000 元，不用缴纳个人所得税。

而由于薪酬总额涉及的面较广，一般会跨越一定的周期，所以薪酬总额统计工作还易出现遗漏问题，难以保证统计的全面性与准确性。

HR 人员可以在日常的工作中及时收集整理薪酬管理的相关数据，之后再进行分类，这样就能保证统计工作不会出现遗漏。

薪酬总额统计涉及的数据较多，HR 人员要提前做好准备工作，以免出现重复或遗漏，导致薪酬总额统计工作出现错误。

12.2.2　设计标准化的表格

为保证薪酬总额统计的准确性，要做好数据的整理工作，这就涉及薪酬表格的问题。这不仅对员工来说非常重要，对企业的薪酬管理工作也有非常重要的意义。

对企业的薪酬管理工作而言，标准化的表格能方便 HR 人员进行统计汇总，保证企业的薪酬管理顺利进行。既然一份标准化的工资表和月工资福利分类汇总表对于企业有着如此重要的作用，那规范的工资表和月工资福利分类汇总表到底应该如何做？如表 12-1、表 12-2 所示。

表12-1　工资表

计薪周期：　　　　　　　　　　　　　　　　　　　　　　　　打印日期：

序号	部门	姓名	基本工资	绩效工资	工资总额	其他补贴	其他扣款	考勤情况	费用总计	养老（个人）	养老（企业）	医疗（个人）	医疗（企业）	失业（个人）	失业（企业）	工伤（企业）	生育（企业）	住房（个人）	住房（企业）	个人所得税	应收账款	工资实发	身份证信息	银行卡信息
1																								
2																								
3																								
4																								
共计																								

表12-2　月工资福利分类汇总表

序号	部门	3月基本工资小计	3月浮动工资小计	3月基本福利小计	3月补充福利小计	公司工资支出合计	公司福利支出合计	公司支出合计
1								
2								
合计								
制表人			审核人			审批人		
日期			日期			日期		

实现薪酬表格的标准化要注意以下几点内容，如图 12-1 所示。

图12-1　薪酬表格的标准化要点

1. 表格名称规范化

表格名称要精确表示表格的内容，还要注意标明表格的打印日期。

2. 表格表头统一

表格的第一列、第一行要保持统一，一般工资表的前三列分别为序号、部门、姓名，如表 12-1 所示。

3. 表格内文字标准化

无论是对于文字所表达的内容，还是具体名称，HR 人员都要尽量保持标准化，如部门名称要标准化，人力资源部就是人力资源部，不要用人资部等缩写形式代替。

一般与薪酬相关的表格内容都非常细碎、繁杂，因此在制作的过程中，HR 人员必须注意每一个细节，一旦出错，就非常容易影响企业薪酬总额预算。

12.2.3　汇总数据，减轻工作量

随着企业的发展、企业人员的增减和薪酬种类的增多，企业的薪酬数据也日趋复杂。因此，HR 人员做好数据的汇总工作，能减轻一部分工作量。

其中最常用的方法是先以月、季、年为单位对薪酬数据进行分类汇总，HR 人员还可以根据不同部门、不同岗位进行相关数据的归类。

通过这样的分阶段分类汇总，能大大减少 HR 人员整理数据的时间，减少 HR 人员的工作量，提高薪酬统计的效率与准确率。

既然薪酬数据的汇总工作如此重要，HR人员可以使用哪些具体的方法与工具完成这项工作？

目前很多企业将Excel表格作为薪酬数据汇总工作的常用工具，但随着大数据的发展与革新，越来越多的企业增加了在内部信息系统建设上的投入，在OA系统、EPR系统中建立独立的薪酬模块，或单独建立了e-HR系统，用于薪酬管理。

这些信息系统具有以下几个特点，如图12-2所示。

图12-2　信息系统的特点

1. 可实现数据共享

借助这些信息系统，企业能通过薪酬关联考勤、绩效模块的方式，实现人事、业务数据上的共享，形成一个考勤—绩效—薪酬的闭环，提高薪酬数据获取的效率与准确率。

2. 可记录薪酬调整

通过在系统中进行线上薪酬调整，能减少线下薪酬调整流程的记录错误，而且根据薪酬相关流程，这些系统能通过数据的统计和数据的回写，自动生成工资明细表数据，并且按照工资明细表的工资项，生成个人工资单。HR人员能借助相应工具，直接在线上对这些数据进行分类汇总，提高工作效率。

3. 数据更直观，方便查阅

HR人员通过固定Excel模板或系统整理好每个月的薪酬后，可以利用这些系统生成更为直观的图表。另外，这些系统还能代替纸质资料，方便HR人员查阅及保存。

HR人员要想做好薪酬统计工作，离不开对薪酬数据的分类和汇总。只有掌握正确的工作方法，充分利用相关工具，企业的薪酬统计工作才能更高效率地完成，减轻HR人员的工作量。

12.3　制定薪酬总额预算的步骤

薪酬总额预算包括对企业薪酬的支出和增长的预测，是企业组织规划的重要组成部分。HR 人员若想做好企业的薪酬总额预算，就要做好它的每一个步骤。

12.3.1　掌握企业的经营目标及薪酬总额支付能力

HR 人员制定薪酬总额预算的第一步是分析企业经营目标及支付能力。企业的经营目标决定了企业整体对人力资源的需求，进而会对企业的薪酬总额预算产生影响。

在进行薪酬总额预算之前，HR 人员要根据企业的具体经营目标，如销售收入、成本、费用、净利润等，来决定薪酬总额。在 HR 人员明确了企业的经营目标后，就能获得明确的分析企业的薪酬总额支付能力的依据。

HR 人员可以从哪些方面来掌握企业的经营目标?

1. 确定企业明年的经营战略是扩张、收缩、稳步增长还是换领域。

2. 明确企业明年的经营目标，包括收入、利润、增加值、产值等重要指标，这是制定薪酬总额预算的基础。HR 人员应尽可能地将整体目标划分为基础目标、努力目标及最低目标，分别计算对应的薪酬总额。

3. 确定企业明年的组织结构、岗位设置，明确组织结构的变动对员工人数、员工岗位工资带来的变动。

HR 人员通过以上这些方面明确了企业的经营目标后，就能获得明确的分析企业的薪酬总额支付能力的依据。

一般用于衡量企业薪酬总额支付能力的指标有 3 个：薪酬费用率、劳动分配率和薪酬利润率，计算公式也有 3 个，如图 12-3 所示。

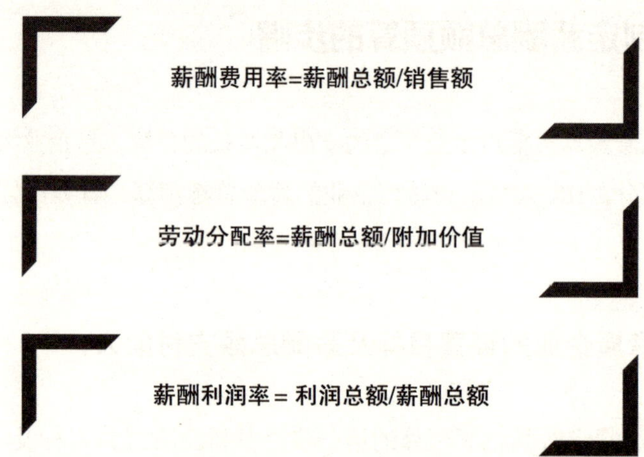

图12-3　衡量企业薪酬总额支付能力的指标及其计算公式

1. 薪酬费用率＝薪酬总额／销售额

如果企业的销售额较大，则薪酬总额也要相对增加，因为此时企业的薪酬总额支付能力较强。如果企业的销售额不好，则需要相应地减少薪酬总额。

HR 人员可以根据企业过去的经营业绩计算出薪酬费用率，然后根据这个比率和下一期预期销售额，计算出合理的薪酬总额。

2. 劳动分配率＝薪酬总额／附加价值（附加价值＝销售额－从外部购入价值，其中从外部购入价值＝物料费＋外包加工费用）

3. 薪酬利润率＝利润总额／薪酬总额

薪酬利润率表明的是企业每支付一单位的薪酬将会创造多少利润。一般情况下，在同行业中，薪酬利润率越高，表明单位薪酬的经济效益越好，人工成本相对就越低，企业薪酬提升的空间也就越大。

企业的经营目标是制定薪酬总额预算的基础与方向，企业的薪酬总额支付能力是薪酬总额预算准确率的保障，HR 人员要牢牢把握这两点。

12.3.2　分析历史薪酬数据、员工流动、外部市场变化

在对企业经营目标和薪酬总额支付能力进行分析的基础上，HR 人员要做好薪酬总额预算，还需要进行进一步分析，内容具体包括 3 个方面，如图 12-4 所示。

图12-4　薪酬总额预算的分析内容

1. 历史薪酬数据

历史薪酬数据是薪酬总额预算分析的基础内容，而且薪酬具有一定的刚性和延续性，具体包括人均薪酬水平、薪酬的结构分布比例、薪酬的部门分布及比例、薪酬涨幅等内容。

2. 员工流动

员工流动存在于每个企业的人力资源管理中，对这方面的分析体现了对企业人力资源需求和供给的预测，包括总人数的变化、员工晋升、新增员工的数量、离职员工的数量等。

HR 人员通过对员工流动情况的预测，可找到让企业投入的边际人工成本等于企业获得的边际收益的均衡点，使员工薪酬获得增长的同时，企业达到收益最大化。

北京有一家由国有建筑工程集团改制后投资成立的工程公司，目前公司有 1000 多人。该公司于 2017 年改制，改制后公司发展速度加快，部门逐渐增加，组织架构经常调整。

在公司快速成长的同时，该公司的总裁刘阳却感觉越来越困惑：每当要成立项目部时，各负责人就会说人手不够，刘阳为了项目只能签批招聘申请。但即便公司一直在招聘，各负责人依然表示人手不足。HR 部门也陷入了招聘困境，招聘申请能拖就拖。

公司出现了“项目一大堆”、财务部“资金非常紧张”、HR 部门“薪酬成本越来越高”、普通员工抱怨“收入不够”的奇怪现象。

刘阳认为再不进行控制，公司将发生巨大的资金风险和经营风险，于是与北京的咨询公司联系，引入了薪酬总额预算，希望解决人力成本增长过快的问题。

后来 HR 人员通过学习薪酬总额预算的步骤，对员工流动进行了管理与改善，解决了该公司的“钱到底用在了什么地方？能支付的人力成本上限是多少？”等问题，从员工流动角度入手，解决了企业目前的管理困境。

此外，薪酬总额预算直接影响到企业的人力资源规划、人员招聘，预算的额度直接决定企业可增减的薪酬额度和人员数量，所以薪酬总额预算直接决定着未来企业的员工流动。

3. 外部市场变化

HR 人员对外部市场变化情况的分析，主要从地区相关政策、企业所处的人力资源市场供求情况、同行业的人力资源变化、市场同等职位的整体薪酬水平等方面着手。

对 HR 人员而言，无论分析的重点是什么，最终目的都是做好薪酬总额预算。

12.3.3 确定薪酬总额预算及调整幅度

HR 人员在分析了以上两个小节的内容、明确了企业的薪酬策略后，就可以确定薪酬总额预算及调整幅度了，具体有以下几个步骤。

1. 确定薪酬总额调整的依据，根据利润、增加值和销售收入来提取薪酬总额。

2. 确定薪酬费用率、劳动分配率和薪酬利润率的目标值。一般可以根据行业内的平均水平或标杆企业的水平来确定。

3. 根据经营目标、历史工资水平计算出预期薪酬总额。

4. 算出薪酬调整总额，并通过薪酬激励策略和各部门薪酬发放在薪酬总额中所占的比重、各部门的业绩等指标，来确定各部门的薪酬调整总额。

5. 确定了预期薪酬总额后，HR 人员再根据企业的经营目标的增长情况，对企业的薪酬总额增长幅度进行适度调整。

薪酬总额的幅度调整主要有两种：一是根据市场的薪酬水平的变化趋势、企业的发展现状、经营管理模式及战略重心的变化对现薪酬总额进行调整；二是根据员工的职位变动、个人业绩、个人能力等对薪酬总额进行调整。

北京一家设计公司根据前几年的经营业绩，计算出该公司的合理薪酬费用率为 15%。目前该公司有员工 100 人，每人每月的平均薪酬水平为 8000 元，假设该公司今年的销售收入增长了 10%，那么该公司今年的薪酬总额预算为：

去年薪酬总额 =0.8 × 12 × 100=960（万元）

去年销售收入总额 = 960/15%=6400（万元）

今年销售收入总额 = 6400 × 110%=7040（万元）

今年薪酬总额预算 = 7040 × 15%=1056（万元）

最终得出该公司的薪酬总额预算为 1056 万元。

这一步相对于其他薪酬总额预算的步骤来说，难度略低，只要前两步得出的数据准确无误，这一步就不会出现太大偏差，但 HR 人员依旧要小心谨慎，反复查验结果的正确性，以保证薪酬总额预算无误。

12.3.4　将薪酬总额预算分解到部门及员工

在确定了薪酬总额预算及调整幅度后，HR 人员可以根据薪酬激励策略，依据各部门薪酬原来在薪酬总额中所占的比重和各部门的业绩，来初步分配各部门的薪酬。

在将薪酬总额分配到各部门时，HR 人员要考虑不同的薪酬结构带来的不同结果。比如有的企业较为看重绩效，绩效工资在薪酬总额中占比较高，那么 HR 人员就需要留出足够的额度来保证提成、奖金等绩效工资的发放。

HR 人员将薪酬总额预算初步分配到部门后，下一步是将部门薪酬预算分配到员工。这一步工作更为复杂，HR 人员要先确定每个员工的调整规则，比如是根据能力进行薪酬调整，还是根据绩效进行薪酬调整等。一般为了激励员工努力工作，多数企业是根据业绩调薪的，调薪的周期一般为一年。

绩效调薪涉及两个因素。

一是员工绩效水平的高低。一般绩效水平越高，调薪幅度就越高；绩效平平的员工无法获得绩效提薪；而绩效水平差的员工应下调其基本工资。

二是员工在其工资范围中所处的位置。一般当该员工所获得的薪酬处于工资范围的上端时，为了降低企业的成本风险，其绩效调薪的量应该处于工资范围下端，比绩效相同的员工低。

HR 人员还要考虑不同的薪酬模式带来的不同结果，比如生产部门按照计件发放薪酬，销售部门按照提成发放薪酬，企业高管依据年度业绩发放年薪等，HR 人员还应当预留出一部分用作年底奖金和调节。这一步能帮助企业有效控制人工成本，提高绩效总额预算的准确性。

12.3.5 结合实际情况适当进行改动

制定薪酬总额预算的最后一步是结合企业的实际情况对初步的薪酬总额预算进行适当的改动并最终确定。企业的薪酬总额预算离不开企业的战略目标，这就要求 HR 人员要根据企业部门和员工的实际需求去反复权衡。

上海有一家民营企业，发展初期使用的是粗放式管理，对人力成本的控制较为模糊和随意。随着企业业务相对稳定下来，该企业的关注重点不再限于规模、收入等，企业人力成本的支出成为企业支出的一个重要方面。企业总经理想知道“企业的钱到底花在了哪里”。

因此，制定薪酬总额预算便成了必要手段，为真正发挥它的作用，达到适度控制的目的，该企业采用了薪酬总额控制的预算管理模式，采用自下而上和自上而下相结合的方式，既引入了新的人力成本管控模式，又与过去的模式接轨，以保证变革期平稳过渡。

1. 自上而下法

先由决策人员决定企业的薪酬总额预算、调整幅度，然后将预算总额分配到企业各部门，再由各部门分配到每一个员工。自上而下法更容易控制整体的薪酬成本，但这个方法缺乏灵活性，容易过多受到主观因素的影响，降低了预算的准确性，不利于调动员工的工作积极性。

2. 自下而上法

这一方法的步骤是由 HR 人员先估算各部门、各岗位的薪酬数额，然后进行汇总，编制出整体预算。自下而上法的灵活性高，更接近实际，容易获得员工的认可与满意，但不容易控制薪酬成本，容易超出企业的承受能力。

自上而下法从薪酬总额预算的总额出发，把总额分解成可控的部分。自下而上法是从可控的部分出发，构造一个通用的方案，无论企业使用哪一种方法，都要坚持与企业实际情况相结合这一原则。

第 13 章
薪酬调查：内外兼备，知己知彼

薪酬调查是指 HR 人员采用科学的方法，通过各种各样的途径，对企业各类员工的工资、福利、待遇及支付状况的信息进行采集，是企业进行薪酬总额预算与统计的重要数据来源。

13.1 多途径获取有价值的数据

薪酬调查的第一步工作是获取有价值的数据，HR 人员可通过多种途径获得薪酬数据，这些方法各有利弊，HR 人员要根据自身需求谨慎选择。

13.1.1 政府组织的非商业性薪酬调查

国家有关部门、各级地方劳动保障部门和统计部门会设置专门人员，对全国范围内各行业的薪酬水平进行评估，了解各行业的薪酬现状，从而为社会提供薪酬成本指数和其他有关薪酬的数据，并在此基础上制定宏观调控政策和工资指导线，公布劳动力市场部分职位工资指导价位，促进人员的合理流动。

一般政府组织的薪酬调查包含以下几个内容：上年度当地宏观经济和社会发展状况分析、本年度经济社会发展预测、周边地区经济发展及劳动力价格情况评估、本年度工资增长建议等（包括工资增长基准线、工资增长预警线等）。

一般在调查工作进行前，政府部门会在政府网站上发布通知，通知内容包括调查时间及内容、调查范围和对象、调查方式、调查要求及数据上报时间、组织领导、注意事项等。也正是由于调查的实施者是政府，因此这一调查方式是非商业性质的，任何人都可以直接在政府官网上看到相关信息。

苏州市曾向社会公布了该市部分职位的工资指导价位、5 类不同学历层次新进单位人员的初期工资价位、市区制造业工人成本及其投入产出比。比如，企业经理年薪平均数为 209364 元，高位数为 718134 元，中位数为 155269 元，低位数为 55080 元；发电工程技术人员年薪平均数为 111031 元，高位数为 238876 元，中位数为 110939 元，低位数为 38008 元；人事经理（负责人）年薪平均数为 117478 元，高位数为 353946 元，中位数为 80368 元，低位数为 28975 元等。

政府组织的非商业性薪酬调查的优点有 3 个：

1. 出于宏观调控的目的，调查所得的数据信息全部免费，HR 人员可无偿使用，为企业节省了亲自调查的成本。

2. 数据由国家调查而来，因而具有很高的权威性和准确性，可以使 HR 人员在有法律依据的前提下设置薪酬，以免违反国家有关规定，使企业陷入不必要的纠纷。

3. 由于调查是全国性的，涉及各个行业员工的工资收入及其他与工资直接相关的报酬项目等内容，甚至还包括员工的工作时间等，HR 人员可从中获得建立薪酬体系的丰富的参考数据，可以全方位、多层次地设计自身的薪酬结构。

当然，这一方法也有缺点：这种调查范围涉及全国，难度较大，因此调查特别费时间，所提供的薪酬信息往往不是最新的，无法体现信息的及时性和有效性；同时又因为调查的覆盖面较广，不可能详细调查行业内的每一个职位，因此不能满足 HR 人员对个性化信息的需求。

企业在建立自己的薪酬体系时，要慎重使用政府组织的非商业性调查的数据。

13.1.2 咨询机构进行的全面性薪酬调查

薪酬调查的第二个途径是借助咨询机构进行全面性薪酬调查。现在市场上有很多专门从事薪酬调查的咨询机构，这些机构向企业收取一定的佣金，为企业提供专门的薪酬调查服务。

咨询机构专业性强，积累了大量的市场薪酬调查方面的经验和数据，能按照企业的要求，为企业提供更为准确、更为全面的薪酬调查，并为企业的薪酬结构设计提供合理化建议。

除此之外，由于咨询机构是中介机构，和企业不存在利害关系，更容易从其他企业获得需要的薪酬信息，因此薪酬调查的结果也更有真实性与价值。

为了使咨询机构不随意将企业的薪酬水平、政策等机密性资料和调查结果泄露给竞争对手，不做出有损于企业的行为，在选择咨询机构时，HR 人员要注意以下几点，如图 13-1 所示。

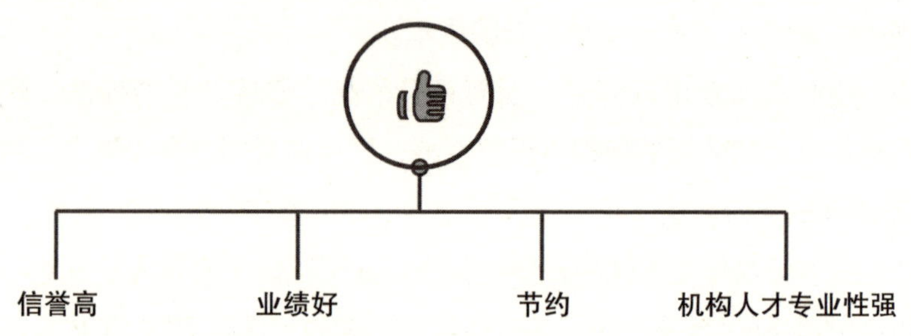

图13-1　HR人员选择咨询机构时的注意事项

1. 信誉高。一般咨询机构在行业中有良好的信誉，才能获取大量的真实数据，确保薪酬调查的精确度。而咨询机构只有做到严守企业秘密，具有很高的职业道德标准，才能获得高信誉。

2. 业绩好。咨询机构业绩越好，经验越丰富，能为企业提供的信息就越多、越有价值。

3. 节约。企业在选择咨询机构时，一定要只选合适的，不要选最优的，以节约资源，降低调查成本。

4. 机构人才专业性强。有些咨询机构看着名头很大，但实际上缺乏专业的调查人才，在样本选择、数据采集、数据分析等方面都不专业。

HR 人员在选择咨询机构时，一定要以自身情况为出发点，对咨询机构进行全方位调查，以免选错机构，浪费时间和资金。

13.1.3　企业自行开展的薪酬调查

企业薪酬调查的第三个途径是自行开展薪酬调查。很多中小企业的资源和经费有限，因此会采取这一方法，具体是从网站、杂志、报纸、同行等渠道的公开信息中归纳整理信息。

吴燕是一家小型企业的 HR 人员，该公司只有十几个人，销售额也很少能超过 10 万元。最近公司的总经理让吴燕进行一次薪酬调查，但预算批得很少。为了做好这项工作，吴燕就向总经理提交了自行开展薪酬调查的申请，决定通过这样的方式减少成本。

那么，吴燕具体应该怎么做才能做好薪酬调查呢？有以下几个步骤，如图 13-2 所示。

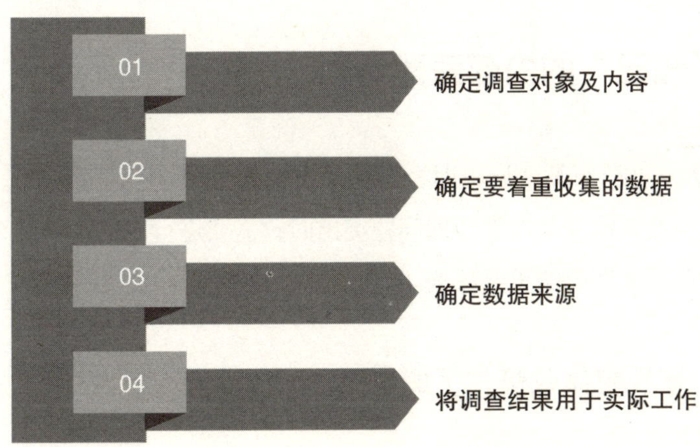

图13-2　企业如何自行做好薪酬调查

1. 确定调查对象及内容

吴燕的调查对象为相同或者类似行业的企业，调查内容包括调查对象的薪酬结构、薪酬水平、薪酬制度、薪酬支付方式等。

2. 确定要着重收集的数据

吴燕收集的数据包括基本工资、绩效工资、工龄工资、岗位工资、津贴等。

3. 确定数据来源

由于所在公司规模较小，资金能力较弱，吴燕选择了较为经济的方式来进行薪酬调查。她通过兄弟公司的 HR 人员直接进行薪酬调查，并且通过本地行业交流群对行业内部企业某一岗位的薪酬结构及水平进行调查。同时吴燕还在公司发布的招聘信息中要求求职者填上在之前公司的薪酬，在面谈过程中巧妙地提问之前的薪酬情况，进行收集整理。另外，吴燕还通过网络、报纸、杂志等公开平台寻找自己所需要的资料。

4. 将调查结果用于实际工作

吴燕通过上述方法调查所得的薪酬数据准确性较低，因此，吴燕还需要对这些数据进行核查整理与总结分析。

自行开展薪酬调查的方式适用于经费有限的中小企业，HR 人员可对企业需要的重点内容进行多方面的调查，同时，为提高数据准确性，HR 人员还要对数据进行整理、分析。

13.2 “知己”的内部薪酬调查

HR 人员在进行薪酬调查时，对企业自身的了解是必不可少的。企业调整年度薪酬政策或企业内部管理问题突出时，需要进行内部薪酬调查，并将此作为企业薪酬调整的重要依据。

13.2.1 审视整体政策，了解差距

做好内部薪酬调查，首先需要 HR 人员定期对内部的薪酬政策进行整体审视，根据员工满意度调查，找出企业目前的薪酬状况与员工期望之间存在的差距。并根据企业目标的实现情况，对薪酬政策进行整体性调整。

一家做化工产品的公司，在职员工有 400 多人。由于现在所使用的薪酬体系是 5 年前建立的，并不适用于现在的企业，经常有员工反映薪酬制度不合理，因此该公司打算调整薪酬体系，将具体工作交由 HR 部门负责。

为解决员工的抱怨，该公司 HR 人员决定通过对内部员工进行调查的方式，找到政策存在的问题与差距。而对内部员工的调查，一般都以薪酬的现有相关信息为重点，关注员工的期望目标，对比、分析员工对内部政策的满意度。

那么，HR 人员如何通过员工满意度调查审视整体政策，并找到差距呢？有以下几个维度，如图 13-3 所示。

图13-3　员工内部满意度调查的几个维度

1. 薪酬水平

（1）员工认为目前的薪酬水平与自身所处的职位匹配度如何。

（2）员工认为目前的薪酬水平能否满足日常生活的基本需要。

（3）员工认为目前的薪酬水平与外部市场相比是否具备竞争力。

2. 薪酬公平性

（1）员工认为公司薪酬的内部分配是否公平，是否存在付出和回报不成比例、同岗不同酬的问题。

（2）员工认为薪酬的岗位设置是否公平，是否存在某个岗位对公司的贡献大、人员能力强，却比另一个贡献小、人员能力差的岗位薪酬低的现象。

（3）员工认为公司分配机制的运行是否公平。

3. 薪酬导向性

（1）员工认为公司的薪酬制度是否完善，分配依据是否科学、合理。

（2）员工认为公司的薪酬制度是否具备吸引外部人才的能力。

（3）员工认为部分员工离职是不是因为薪酬问题。

4. 薪酬清晰度

（1）员工认为公司对薪酬的计算是否清晰。

（2）员工认为公司的薪酬应不应该保密，应该保密到什么程度。

除了以上4点，HR人员在进行内部政策的审视时，还要考虑薪酬激励性、薪酬可信度、公司福利这3个方面的满意度。具体将哪一个或哪几个维度作为薪酬调查的重点，需要HR人员根据内部调查侧重点来进行选择。

员工满意度调查是HR人员进行内部薪酬调查的重要方面，有利于HR人员找到企业目前薪酬状况与员工期望目标存在的差距，为企业的薪酬调查提供真实依据。

13.2.2 分析管理问题，瞄准矛盾点

薪酬制度的合理与否，是决定企业员工去留的关键因素，如果因为薪酬因素流失人才，HR人员应就其实际收入水平与其他具有同类特征的员工的薪酬水平进行对比，确定矛盾点，以便开展有针对性的内部薪酬调查。

HR人员要瞄准薪酬管理这个导致人员流失的矛盾点，那么HR人员如何从中找出薪酬管理存在的问题？具体有以下几点，如图13-4所示。

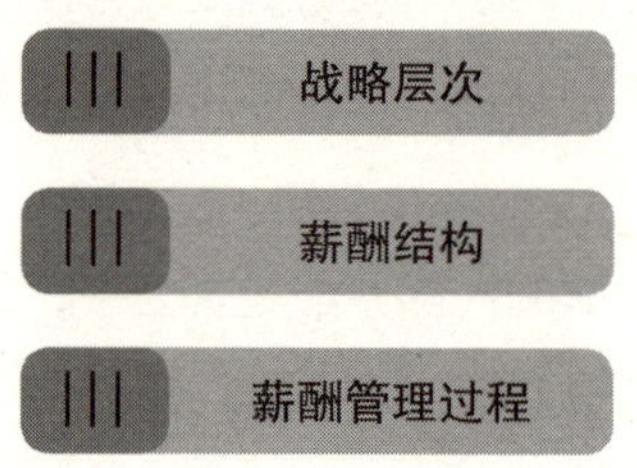

图13-4 企业如何找出薪酬管理存在的问题

1. 战略层次

企业要注意薪酬策略与企业经营战略是否匹配。

不同的企业经营战略所对应的薪酬策略也不同，但目前很多企业都实行统一的薪酬策略，与企业的经营战略脱节。

北京有一家刚刚进入成熟期的企业，由于其经营战略与成长阶段发生了变化，它的薪酬制度也应有相应变动，但该企业的HR人员没有及时为员工调整薪酬，导致薪酬制度与经营战略不匹配，核心员工看不到企业的发展和未来，导致对企业失去信心，纷纷离职。

2. 薪酬结构

企业要注意薪酬结构是否存在严重的内部不公平性。很多企业目前依旧使用“大锅饭”的薪酬结构，企业内部平均主义严重，员工工资和奖金拉不开差距，导致优秀员工缺乏动力，后进员工缺乏压力，企业核心人才流失严重。尤其是当员工为企业做出巨大贡献却没有得到相应回报时，更会造成员工的流失。

3. 薪酬管理过程

薪酬管理过程中企业要注意自身是否存在薪酬标准不透明、与员工沟通不足及缺乏适度的弹性的问题。薪酬管理要通过薪酬分配过程及结果向员工传递信息，包括企业推崇什么样的行为和业绩，鼓励员工向哪个方向发展。但实际上核心员工很少能参与到薪酬制度的制定和管理中，一旦核心员工看不到自己的工作行为、工作业绩与薪酬之间的联系，薪酬就无法发挥激励的作用。

HR 人员要通过对内部管理问题的分析，找出存在的矛盾点，进行准确性较高的内部薪酬调查。

13.3 “知彼”的外部薪酬调查

如果内部薪酬调查是“知己”，那么外部薪酬调查就是“知彼”，本节将介绍企业如何做到“知彼”，具体有哪些方法。

13.3.1　划定范围，做综合考虑

外部薪酬调查对于 HR 人员来说也是十分重要的，外部薪酬调查可以让企业做到“知彼”，从而使自己的薪酬调整更为合理。HR 人员在进行外部薪酬调查时，要先划定好范围，然后进行综合考虑。

张寒是广州一家外贸企业的 HR 人员，所在企业有 100 多人，最近市场部离职率直线上升，接到的离职投诉也越来越多，总经理让张寒查清原因，张寒决定进行一次外部薪酬调查。

张寒根据离职报告与内部调查，发现了主要问题是员工对企业的薪酬产

生了不满，但张寒不明白为什么之前大家都能接受，现在却不能接受了。因此，张寒在前辈的建议下进行了一次外部薪酬调查，调查范围包括 3 个方面，如图 13-5 所示。

图13-5　外部薪酬调查的范围

1. 竞争企业

张寒首先要明确一个问题：企业需要对哪些外部企业进行薪酬调查？一般情况下，企业会选取与本企业在劳动力市场和产品或服务市场中存在竞争关系的其他企业，进行外部的薪酬调查。具体有以下 3 个类型：

（1）与本企业存在竞争关系，与本企业处于同一行业或有相同人才需求的企业。

（2）与本企业在同一个劳动力市场内竞争员工的企业。

（3）与本企业在相同或相似的产品或服务市场中有竞争关系的企业。

2. 地区

张寒还要考虑地区的薪酬情况，包括以下两个地区：

（1）本市。案例中的企业在广州做外贸，在本市同行企业较多，因此要考虑整体的行业薪酬水平。

（2）本省。研究分析所在省份该行业的薪酬水平。

3. 所调查人员的类别特征

除了考虑行业因素，张寒还应考虑所调查人员的类别特征。

（1）一般可参照当地的市场水平对可替代性较强、专业技能要求低、流动范围相对局限的岗位进行调查。如调查辅助人员的薪酬水平时，张寒只需参考当地市场的薪酬水平。

（2）企业高层管理人员和高级技术人才属于稀缺性较强、流动范围较大、对知识技能要求较高的岗位，张寒需要参考全国性、行业性的调查情况综合考虑。

（3）结合当地的薪酬水平和行业的薪酬水平综合进行中低层管理人员、企业一般管理人员和中级技术人才的薪酬调查。在对这一类人进行薪酬调查时，张寒不仅需要分析当地市场的薪酬水平，还要分析该行业其他企业中这类人员的薪酬水平。

只有明确了调查范围，HR 人员才能进行综合考虑，薪酬调查才能有实际意义。

13.3.2　按照三原则选取合适的标杆企业

外部薪酬调查的第二步是选取合适的标杆企业。上一小节中我们讲解了如何划定外部薪酬调查的范围，本小节将继续以张寒为例，介绍应如何选择标杆企业。

在张寒划定了外部薪酬调查的范围之后，下一步就是选择标杆企业，进行企业间的对比分析。这一步对外部薪酬调查的影响较大，HR 人员一定要遵循一定的原则进行选择，具体内容如图 13-6 所示。

图13-6　选取标杆企业的原则

1. 行业排名靠前

张寒通过调查了解到，行业内领先企业中外贸专员的基本工资较高，对员工很有吸引力，这可能是员工跳槽的主要原因。

例如，广州市阿里国际站的外贸专员月薪为 5000 ~ 10000 元，并且工作时间稳定，周末双休，福利待遇良好，但是对员工素质的要求也较高。除拥有 1 ~ 3 年 B2B 操作经验，熟悉阿里国际平台、谷歌官网的 B2B 平台操作优先外，还要求具有流利的商务英语听、说、读、写能力等。

张寒可以将广州市阿里国际站作为标杆企业，找出自己所在企业与该企业的差距。

2. 产品或服务的竞争性较强

例如，广州市一家外贸公司在产品和服务方面有较强的竞争力，在人才招募的福利待遇上的做法很值得借鉴。虽然底薪 + 提成 + 奖金的模式和同类行业大同小异，但是奖金数额较高，领先同行业水平，并且表现优异的员工允许提前转正，岗前培训、职业培训、管理能力培训对于求职者也很有吸引力。除此之外，公司在广交会平台和国外的展会筹备工作也是公司实力的证明。

在这方面张寒需要通过对比不断找出自己所在企业管理体系中存在的问题和不足，做到“知彼”，不断提升自身产品和服务的竞争力，打造自己的优势。

3. 人才获取较容易

在劳动力市场中，能最直接表现企业竞争力的就是企业吸引人才的能力。企业支付给员工的薪酬水平的高低是影响员工去留的决定性因素之一，另外一些因素也会影响员工的选择。张寒以人才获取较容易的企业为标杆企业，分析它们的薪酬体系，能帮助公司更好地把握员工价值取向，制定科学合理、符合市场需要的薪酬制度。

无论选择哪一种企业作为自己的标杆企业，HR 人员都要立足于自身的实际情况，不要好高骛远，明确对比的意义在于企业最终能获得成长。

13.3.3 确定调查的企业和岗位

要保证企业薪酬水平在市场中的竞争力，需要 HR 人员以同类企业的薪酬水平作为参考来设计企业的薪酬水平。人才对于企业的发展来说是十分重要的，企业之间的竞争就是人才之间的竞争，企业要想吸引人才就必须以薪酬福利作为切入点。因此，HR 人员需要对市场中的其他企业和岗位进行薪酬调查，以便从中分析出相似岗位的薪酬水平，为所在企业岗位的薪酬设计提供依据。

HR 人员在确定要调查的企业时，应选择在公司规模、人才需求等方面与自己企业有可比性的企业。对于 HR 人员来说，可供选择的调查企业有 5 类：

1. 同行业中类型相似的其他企业。

2. 其他行业中有相似岗位的企业。

3. 与自身企业有同样人才需求，存在人力资源方面的竞争的企业。

4. 同一地区在同一人才市场中招聘员工的企业。

5. 经营策略、信誉、报酬水平和工作环境均合乎一般标准的企业。

总之，HR 人员在选择需要调查的企业时，需要分析自己企业的规模、公司结构等要素，选择与自己企业发展规模和公司结构相似的企业进行调查。除了与自己企业相似的企业，HR 人员还要关注与自己企业有同样人才需求的企业，这类企业是自己企业招聘过程中的强劲对手，因此 HR 人员也要调查这类企业的薪酬水平，避免自己在人才竞争中处于劣势地位。在这里 HR 人员需要注意，调查企业的数目需要 HR 人员根据自己企业的人力、财力及目的来确定，但一般来说 HR 人员需要调查 10 家以上的企业。

在确定了需要调查的企业之后，HR 人员接下来要做的就是确定调查的岗位，即确定具有代表性的岗位。有代表性的岗位应满足以下条件：

1. 具有可比性：选择岗位的工作内容、重要程度与自己企业需要调查的岗位具有可比性。

2. 具有稳定性：HR 人员需要选择一些长期、稳定的岗位，排除掉临时性的工作岗位。

3. 等级区分较明显：HR 人员需要选择与自己企业等级相似的企业中的岗位，同时需要注意不要选择等级模糊的岗位。如总经理助理这个岗位在一些企业里是管理层，但在另一些企业里是虚职。

HR 人员通过界定、分析岗位的主要价值、贡献、职能职责、工作内容、管理幅度、人数、任职条件等，可进行岗位的横向比较，进一步明确调查对象、准确定位，选取与企业岗位相同或相似的岗位，保证所获得数据的可参考性和合理性。

13.3.4 选择调查的方法

HR 人员常采用的外部薪酬调查的方式有两种，分别是访谈法和问卷调查法。

1. 访谈法

访谈法主要针对两种对象，如图 13-7 所示。

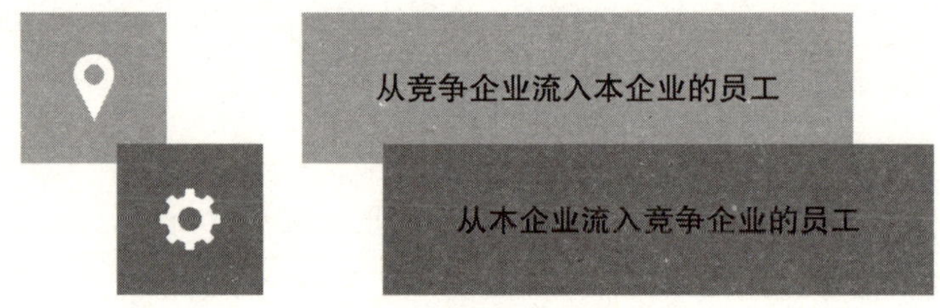

图13-7 访谈法的对象

（1）从竞争企业流入本企业的员工。HR 人员通过对这类员工进行访谈，并对访谈内容进行综合分析，能相对准确地了解竞争对手的薪酬支付水平与实际情况。

例如，HR 人员可对其他公司跳槽到本公司的员工进行调查询问。通过和这类员工保持密切联系，HR 人员能获取一些竞争企业的最新消息。

（2）从本企业流入竞争企业的员工。HR 人员可以在员工离职面谈时，重点关注离职员工的薪酬变动情况，并建立外部调查人才库。同时通过与离职员工保持联系，HR 人员还可以对该类员工进行不定期的后续访谈跟踪，及时更新和补充薪酬信息。

2. 问卷调查法

在了解了访谈法后，再来了解问卷调查法。问卷调查法的适用范围较广，形式也比较固定，但由于是外部的薪酬调查，选取调查对象较为困难，获得的数据也参差不齐。因此，设计一份合适的调查问卷是整个调查过程的关键。

调查问卷的内容应主要针对企业相关的信息，如组织结构、管理架构、管理层次、薪酬结构及水平等内容，并向下细分薪酬，比如福利包括养老金、医疗、住房、出差食宿标准、休假制度、交通膳食服务等，还有一些与企业有关的基本情况，如员工人数、产值利润、行业及薪酬增长率、员工流失率等。这些都是与薪酬水平密切相关的内容，在调查中 HR 人员要加以考虑。

HR 人员在进行薪酬调查时，无论采取何种形式，都要先确定调查的提纲和内容，以便在调查过程中能有针对性地、全面地收集所需要的信息，保证获得信息的完整性。

13.4　薪酬调查的后续工作

经过“知己知彼”的内外部调查后，HR 人员还需要对调查结果进行处理，做好薪酬调查的后续工作。

13.4.1　对比内外部薪酬调查的数据

HR 人员的第一件后续工作是对比内外部薪酬调查的数据，主要从以下 6 个方面进行对比，如图 13-8 所示。

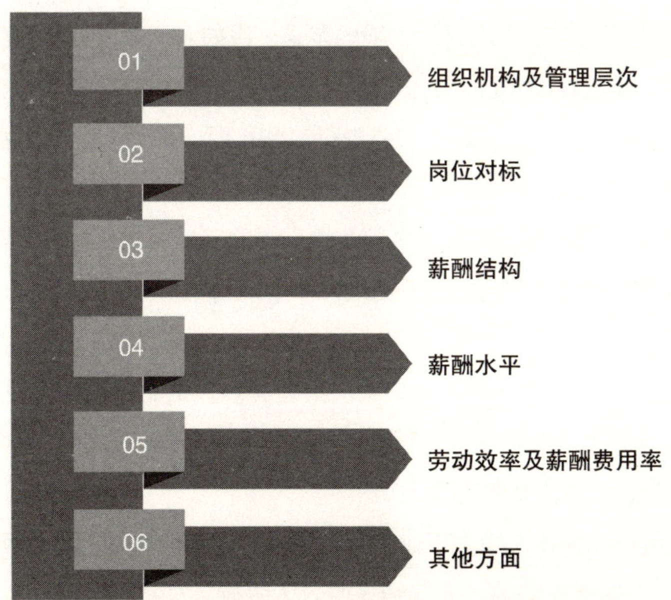

图13-8　对比内外部薪酬调查数据的主要方面

1. 组织机构及管理层次

HR人员要分析标杆企业的组织机构及管理层次设置，找到其与本企业的相同点和不同点。

2. 岗位对标

在对组织机构及管理层次进行分析的基础上，HR人员应更为综合全面地对比分析职级设置、管理幅度、系统差异、任职资格等方面，初步判断标杆企业与本企业岗位的对应关系，进行科学合理的岗位对标，奠定薪酬水平分析坚实的基础。

3. 薪酬结构

一般企业的薪酬结构为“固定薪酬 + 变动薪酬 + 长期激励 + 福利”。不同的薪酬结构向员工传递的信号不同，带来的激励作用也不同。HR人员可以通过对行业内大部分标杆企业的薪酬结构的共性与各自特点进行分析，找到制定薪酬结构的合理依据及产生的作用。

4. 薪酬水平

薪酬水平的对比分析是内外部调查数据对比分析的关键。企业的薪酬水平对比分析包括以下3个方面。

（1）分析不同层次之间薪酬水平的差异。比如对于采取追随型薪酬策略的企业来说，通过对比分析，如果科室经理以上的薪酬水平与标杆企业相比，依旧处于50分位及以上，则不需要进行调整；而一般员工的薪酬水平在标杆企业薪酬50分位以下，就需要调整这一部分人员的薪酬水平。

（2）分析不同薪酬结构项目之间薪酬水平的差异。主要是为了解不同薪酬结构项目的占比是否科学，明确企业目前的基本工资和绩效工资是否具有竞争力。

（3）分析薪酬政策与实际水平之间的差异。包括薪酬政策的设计水平、企业年度劳动效率的差异及实际薪酬水平。

5. 劳动效率及薪酬费用率

HR人员可以通过人均人工成本与人均销售收入的对比，画出四象限图，其中人均人工成本为横轴，人均销售收入为纵轴，如图13-9所示，来了解企业所处位置和与标杆企业之间的差距。

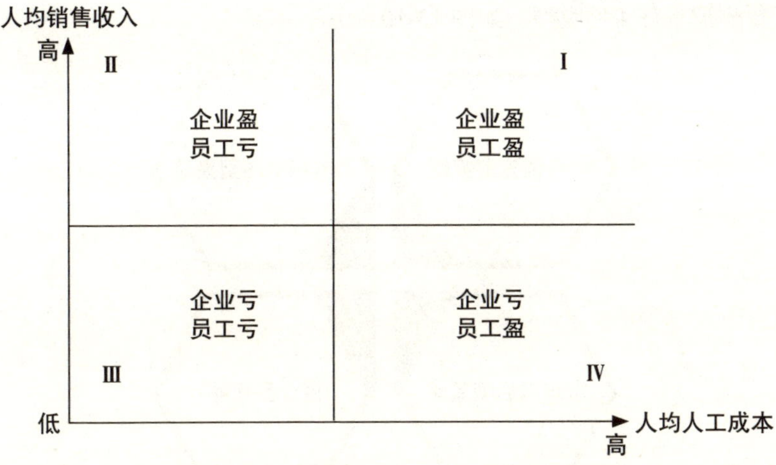

图13-9　企业、员工盈亏四象限图

如企业与标杆企业相比，处于第三象限，即人均销售收入与人均人工成本都较低，企业和员工都亏损，这时就需要企业制定全面的人事与薪酬体系改革方案，进行全盘改革。

企业通过象限图确定自己的位置后，还要确定导致自己与标杆企业存在差距的因素，最终形成整体改革方案，制定适合企业和员工长远发展的薪酬策略。

6. 其他方面

除了以上 5 点，薪酬差异分析还包括带薪假期、保险福利、调薪比例及机制等方面，具体要分析哪一点或哪几点，由企业根据实际情况决定。

以上 6 点是进行内外部薪酬调查数据的对比分析的全部内容，HR 人员要结合企业的实际情况进行这一项工作。

13.4.2　确定薪酬策略的定位

在对内外部薪酬调查数据进行对比分析的基础上，HR 人员还应根据企业的总体发展战略和竞争策略，结合企业的实际情况，确定适合企业的薪酬策略。

薪酬策略有 4 种类型，如图 13-10 所示。

图13-10　薪酬策略的4种类型

1. 市场领先型策略

是本企业的薪酬水平高于竞争对手或市场平均的薪酬水平，以高薪为代价吸引和留住员工的薪酬策略。

采用这种策略的企业多数具有三个特点：一是企业处于垄断行业，行业内竞争对手少；二是投资回报率较高，企业能获得高额利润，能向员工支付较高薪水；三是人力成本在企业经营总成本中所占的比例较低，薪酬支出在总成本支出中不处于敏感地位。

2. 市场追随型策略

又称市场匹配政策，是根据市场平均水平确定本企业的薪酬水平定位的薪酬策略。目前大多数企业都采取这种策略，企业要承担的风险可能较小，但相应的，在吸引优秀人才方面没有明显优势。

3. 市场滞后型策略

本企业的薪酬水平低于竞争对手或市场薪酬水平的薪酬策略。使用这种策略的企业往往处于竞争性强的行业，边际利润与企业的投资回报率都低，企业承担不起高额人力成本。

这种策略虽然可以凭借工资低于市场平均水平，在短期内节约成本，但是会使企业很难吸引并留住高素质员工，因员工流失给企业带来长期的人力成本消耗。

4. 混合型策略

指企业根据职位类型或员工类型来分别制定不同的薪酬策略。

上海一家软件公司就采用了这种策略，该公司核心技术掌握在核心层，为留住他们并不断吸引企业想要的关键职位的人才，该公司对核心员工采用了市场领先型策略，而对基层员工实行的是市场追随型策略，以控制企业的人力成本，保持企业在劳动力市场的竞争力。

薪酬策略并没有绝对的优劣之分，有没有实际作用要看是否与企业的发展战略、竞争策略相匹配，能否有效支撑企业战略目标的实现。因此，企业在选择薪酬策略时，要综合考虑内外部因素，在保证企业可持续发展的基础上，调整薪酬策略。

第 14 章 薪酬设计：3P 原则 + 等级 + 结构 + 支付

薪酬设计需要考虑很多因素，并非一件简单的工作。在薪酬设计的过程中，HR 人员要根据员工的业绩和工作能力，来制定公平公正的支付制度，最大限度满足员工的需求。本章将从薪酬设计的 3P 原则、薪酬等级、薪酬结构和薪酬支付 4 个方面进行展开，来从整体上把握薪酬设计。

14.1 薪酬设计的 3P 原则

薪酬设计的 3P 原则具体包含以下几点内容：Pay for Position（根据员工的职位支付薪酬）、Pay for Performance（根据员工的工作绩效支付薪酬）和 Pay for Person（根据员工的能力支付薪酬）。本节将具体介绍该原则的含义及内容。

14.1.1 Pay for Position——根据员工的职位支付薪酬

Pay for Position 即职位付薪，也就是根据员工的职位价值大小支付薪酬、确定薪酬，使用这一原则的前提是每一个岗位都有明确的工作职责。因为岗位对于企业的价值由工作职责所决定。一般使用这一原则的多为那些岗位职责相对稳定的传统企业。

HR 人员在使用这一原则时，要注意以下 2 点问题，以免出现错误或问题，如图 14-1 所示。

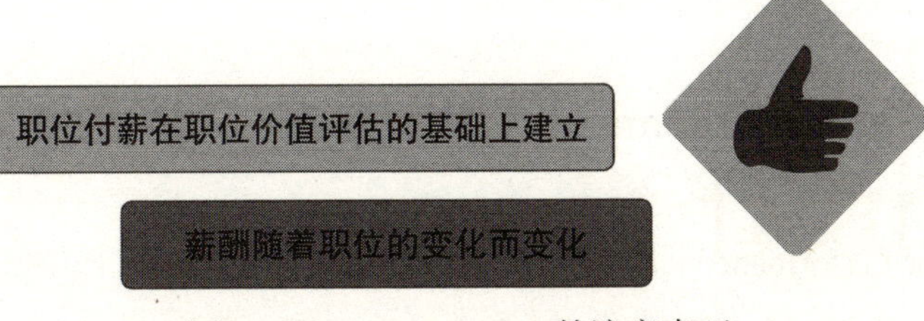

图14-1 Pay for Position的注意事项

1. 职位付薪在职位价值评估的基础上建立

HR 人员要想做到遵循这一原则，首先要进行职位价值评估，然后根据职位价值评估出来的职级确定员工的薪酬。无论员工是什么身份，只要他担任了这个职位，就只能拿这么多的工资。

深圳有一家公司招聘网站架构工程师，公司的 HR 人员对这个职位进行评估后，确定这个职位价值为 15000 元，该公司给这个职位的月薪也就是 15000 元。一位名叫张元的求职者曾在大企业中工作过两年，个人简历很出彩，他的理想月薪是 25000 元。但最终这家公司拒绝了他，他很不解，向该公司 HR 部门了解情况后才知道，该公司认为这个职位只值 15000 元，所以不可能给出更高的薪酬，只能放弃他选择更合适的人。

2. 薪酬随着职位的变化而变化

当员工的职位出现变化时，薪酬也要随着职位的变化而变化。

根据员工的职位支付工资的职位付薪原则有其优势，具体体现在以下几个方面：

1. 体现职位的真正价值

这一原则要求每个职位都要标明价码，有效解决了行政级别“一刀切”的弊端。

2. 建立内部公平的标准

通过职位价值评估让每个职位都能得到一个价值评估结果，可以进行不同部门的职位比较和同一部门不同职位的比较，体现出内部的公平性，有效避免员工攀比。

但这一原则也存在一些缺点，比如无法在薪酬中体现员工的能力差异、员工的绩效表现好坏、员工是否有市场竞争力等，但依旧具有其可行性，HR 人员要取其精华去其糟粕，结合实际情况使用。

14.1.2 Pay for Performance——根据员工的工作绩效支付薪酬

Pay for Performance 即绩效付薪，也就是根据员工的工作绩效支付薪酬。目前很多企业都在实施这种薪酬支付方式，其重点是将员工的工作业绩、日常行为表现与薪酬进行有效关联，采用绩效考核的方式得到结果。合理有效的绩效考核不仅能最大限度地突出绩效付薪的理念，还能体现出企业薪酬管理的公平性和激励性。

还是以张元为例，张元成功地在另一家规模、前景都不输前一家的公司入职，担任资深网络架构工程师，该公司为了能留住张元这类核心技术人才，不仅给他们高额工资，还采取绩效付薪的方法，每当为公司完成一个项目，工程师都能从中获得相应的绩效工资，这大大激发了张元的工作热情，将完成任务当成自己的事业去奋斗。

HR 人员在实施这一原则时，要注意以下几点，如图 14-2 所示。

图14-2　Pay for Performance 的注意事项

1. 体现出干好干坏不一样

根据工作绩效支付薪酬的关键是个人能力，体现的是能者多得的理念，因此，HR 人员在实施这一原则时，一定要尽可能地突出业绩好与业绩差之间的差距。

2. 保障员工的基本生活

很多企业在以绩效为主的付薪理念指导下，只给员工零底薪或低底薪，虽然国家劳动法规日益完善，但依旧存在员工只拿最低标准的工资，其余部分全凭业绩的薪酬体系。

3. 区别不同岗位

不是所有的岗位都能使用绩效付薪。比如一些职能类的岗位，难以对其工作业绩进行量化，标准也难以制定。

对企业而言，绩效付薪能充分调动员工的工作积极性，使企业的薪酬支出发挥出最大效益，是一个控制成本的好方法，但当企业的绩效体系不够完善时，绩效付薪容易引起员工的不平衡感，HR 人员也要注意企业的现状能否支持使用这一方法。

14.1.3 Pay for Person——根据员工的能力支付薪酬

Pay for Person 即按人付薪。由于经验、态度、能力的差异，不同人在同一个岗位上对岗位的贡献并不同，因此工资“一刀切”相对并不公平，按人付薪是目前非常受企业欢迎的薪酬支付理念。

比如高科技企业的研发部门，员工的岗位都是工程师，职位职责都一样，但个人能力却有强弱之分，有些工程师能解决疑难问题，有些工程师只能解决基础问题，有些工程师创新能力较强，有些工程师则墨守成规。如果企业给他们支付同样的报酬，对那些能力较强的任职者来说就是不公平。

按人付薪的重点是员工的能力决定了其创造的价值，能力越强，其创造的价值就越高。HR 人员在实施这一方法时，要注意以下几点，如图 14-3 所示。

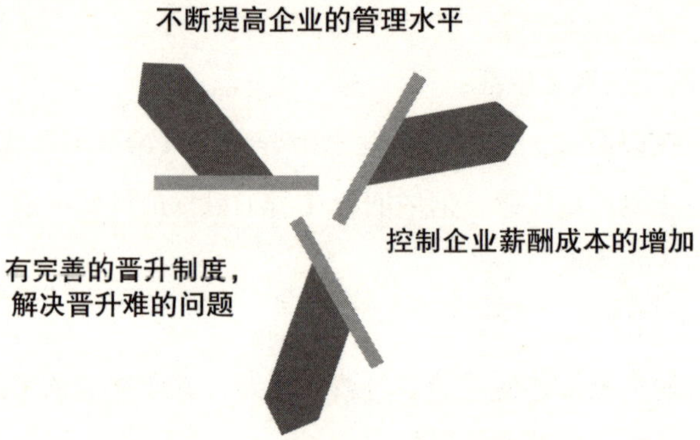

不断提高企业的管理水平

控制企业薪酬成本的增加

有完善的晋升制度，
解决晋升难的问题

图14-3　Pay for Person的注意事项

1. 不断提高企业的管理水平

企业实施按人付薪需要明确地界定各种能力，并具有对这些能力进行细化和评估的相应工具和标准。否则将难以兑现和实施按人付薪。

深圳有一家中型制造企业，所用的薪酬体系是以能力为主的宽带薪酬体系，该公司 HR 主管的月薪在 8000 ~ 20000 元间。这样的薪酬体系并不适用于该企业，没有必要将一个 HR 主管的薪酬差距设置得这么大。薪酬范围过宽夸大了能力差异对企业的影响。

2. 控制企业薪酬成本的增加

按照员工的能力支付薪酬存在一种假设：能力越强的人给企业带来的效益越高，投资回报越高。但对薪酬上限也应有合理的控制，以控制企业的薪酬成本。

3. 有完善的晋升制度，解决晋升难的问题

职位晋升是一种相当重要的激励手段，薪酬达到一定水平的员工更重视晋升前景。

但按照员工的能力支付薪酬在职位晋升制度方面偏向扁平化，职位晋升的机会少，员工很难获得晋升的机会，这样会导致员工缺少职位晋升带来的成就感，因此晋升制度的完善是十分有必要的。

按人付薪的薪酬支付方式使得不同技能水平的员工可能得到的薪酬福利待遇不同，这对企业的薪酬设计有很大的指导意义。

14.2　薪酬等级设计

HR 人员要做好薪酬设计，一定要先做好薪酬等级设计，这是企业设计合理薪酬体系的重要内容。

14.2.1　根据岗位价值划分等级

岗位价值因素是影响薪酬等级设计的基础因素，HR 人员要想通过岗位价值划分等级，首先要做好岗位价值评估。

北京有一家有 500 多人的中型公司，正处于快速发展阶段，但由于发展初期基础较为薄弱，该公司的很多制度都是由总经理根据自己的主观经验制定的，薪酬等级制度也是。该公司简单地将薪酬分为十多个等级，每上升一个级别，薪酬增加 500 元。

随着公司的发展，这个等级划分失去了实用性，该公司总经理希望重新建立公司的薪酬等级制度，让每一级别的员工拿到的薪酬更加科学合理。该公司在咨询机构的建议下，决定根据岗位价值来划分薪酬等级。

在根据岗位价值来划分薪酬等级前，必须对岗位价值进行评估。

通过岗位价值评估，HR 人员可根据岗位贡献的价值确定岗位的薪酬等级、奖金分配。这样的价值评估可以帮助 HR 人员以各岗位的价值区别来确定等级的高低。

常用的评估方法有 4 种，如图 14-4 所示。

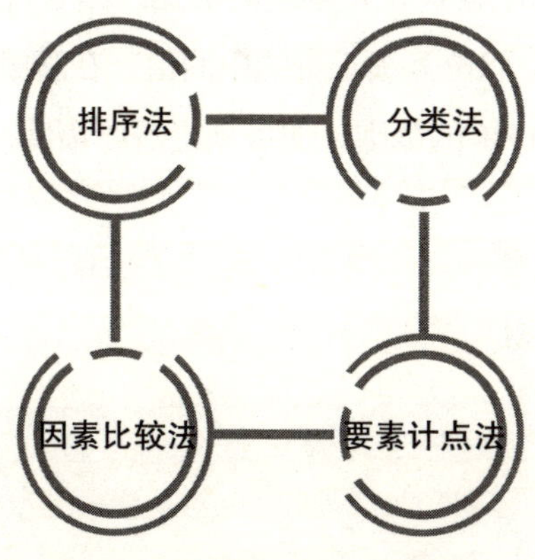

图14-4　岗位价值评估的方法

1. 排序法

比较不同岗位的重要性，对岗位整体进行评价。这个方法虽然操作简单但主观性较大。

2. 分类法

将岗位与特定的级别标准进行比较。这个方法的优点是灵活性高，但在岗位等级的划分和界定上存在一定难度，无法确定相对价值。

3. 因素比较法

比较不同岗位要素的重要性，这个方法可以较准确地确定相对价值，但因素的选择较困难，而且有些因素的可比性不强。

4. 要素计点法

又称为点数法，将岗位要素的要求与特定的级别标准做比较，优点是可准确地确定相对价值，但工作量大、费时费力。

最终，该公司采用了排序法与分类法结合的方法，对公司的不同岗位进行了分类与排序，使公司的薪酬等级变得更加合理。

14.2.2 确定合理的薪酬幅度

薪酬幅度又称薪资幅度，是薪酬等级中设定出的最高及最低薪酬之间的差额，即每一薪级可能支付的范围。

薪酬等级确定后，HR 人员要根据薪酬政策线，确定各职位等级的薪酬中间值。HR 人员可以根据岗位市场薪酬数据，结合岗位评估数值及企业的薪酬策略，制定出每个职位等级工资的中间值，在薪酬曲线向上及向下延伸至一定的百分比，如 15% 的范围，便可划出薪酬幅度，如图 14-5 所示。

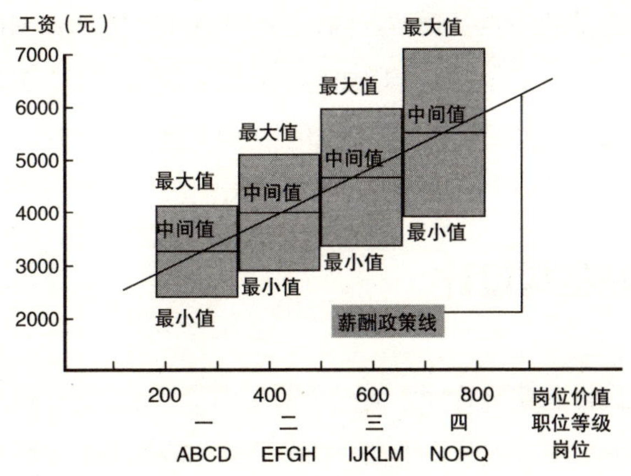

图14-5　薪酬幅度

确定了各职位等级中间值后，HR 人员就可以计算出职位等级薪酬增长率了。计算公式是：各职位等级薪酬增长率 = 两个相邻职位等级中间值差额 / 较低等级薪酬中间值。

一般企业的各职位等级薪酬增长率应保持一致，但如果差别较大，HR 人员应适当调整职位等级薪酬中间值数据，让各职位等级薪酬增长率大致相同。

在设定薪酬幅度时，HR 人员还要考虑薪幅重叠的问题。薪幅重叠是指两个相邻职位等级间的重叠部分。虽然合理的薪酬幅度允许员工在某一职位等级内获得较高的薪酬。但如果重叠部分过多，则会难以区分，可能会使员工的薪酬在晋升之后降低。但如果员工晋升后的起点薪酬过高，很快又会增至该级的顶点，给企业的管理造成很大麻烦。

因此，薪级数目、薪酬幅度及薪幅重叠互相影响。薪级多，薪幅就会较小，相应地又增加了重叠的可能性；反之，薪级少则薪幅变大，重叠可能性就会降低。

薪酬重叠度计算公式如下：薪酬重叠度 =（下一级高位薪酬 − 上一级低位薪酬）/ 下一级薪酬幅度 ×100%

在下一个薪酬等级上能力较强、绩效较突出的员工对企业的贡献可能比上一个薪酬等级中处于低位的员工对企业的贡献更大。一般重叠度不宜超过 50%。实际设计时，常在 30% 左右。

在一个等级的起薪点及顶薪点内，往往又有许多阶梯，HR 人员可以根据员工的服务年限、工作表现等增加薪酬阶梯，使从事同一工作的员工因为年资长或个人表现优秀而获得较高的薪酬，提高员工的积极性并留住员工。

14.3 薪酬结构设计

薪酬结构设计是薪酬管理中的一个重要环节，无论是 HR 人员还是企业都要提起足够的重视，本节将重点介绍薪酬的构成及各部分所占比例。

14.3.1 薪酬由哪些部分构成

薪酬主要由固定工资、绩效工资、企业分红、工龄工资、补贴补助、奖金六大部分构成，如图 14-6 所示。

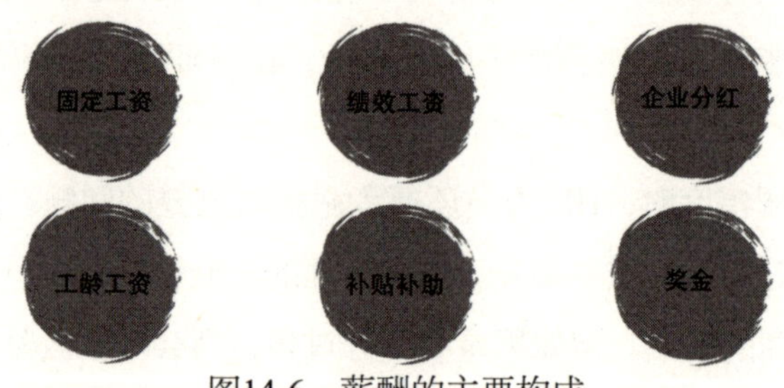

图14-6 薪酬的主要构成

合理的固定工资既能留住员工，也是岗位任职资格价值的体现。对于那些基层岗位来说，固定工资几乎占据了薪酬结构的全部。通常情况下，企业的每个岗位都会有基本的工作量，只要员工顺利完成就可以拿到固定工资。

但不同员工的能力和态度存在差异，那么为了让那些业绩超过基本工作量的员工能够继续保持热情，用绩效工资对其进行奖励就是一个十分有效的办法。例如，“浪潮工作室”每月完成两篇 8000 字左右的文章即可获得 6000 元的固定工资，如果写得更多，还会被给予额外的奖励，这部分额外的奖励就是绩效工资。

企业分红是指到了年末，企业会将盈利的一部分拿出来与员工共享，以此将员工和企业联系成一个整体，同时也让员工的努力程度和所做贡献与自己的收益紧密相关，这不仅有利于调动员工的积极性，还有利于促使员工更加努力地工作。

工龄工资是企业根据员工的工作年限为其提供的经济奖励，设计的主要目的是降低员工的流动性。

大多数企业对于社会工龄的经济补偿标准较低，对于企业工龄的补偿标准相对较高。在这种情况下，员工的离职就可以得到有效减少，与此同时，也会有更多的员工自愿成为企业的老员工。

在设计薪酬结构的时候，有些企业还会把补贴补助加入进去，而补贴补助的形式非常多样，最常见的包括住房补贴、交通补贴、用餐补贴和通信补贴等。

除这些之外，薪酬还包括奖金，奖金是支付给员工的增收部分的劳动报酬，如生产奖、竞赛奖等。

以上六大部分是企业薪酬的主要构成，HR 人员在设计薪酬结构时要进行全面考虑。

14.3.2 薪酬各个部分的比例如何分配

确定了薪酬的构成部分后，我们再来了解一下各个部分的所占比例该如何分配。

首先是固定工资，对于基层岗位，固定工资所占比例一般较大，有的甚至能达到 80% 以上，而中高层等非基层岗位，固定工资占薪酬的比例则较小，一般维持在 60% 左右。

绩效工资的比重要以企业的战略目标和实际经营状况为依据。如果企业处在平稳发展期，那么绩效工资的比重不宜过高，因为短期内很难让盈利飙升。如果企业处在高速发展期，而企业战略又正好是极力扩大市场份额，那么就可以适当增加绩效工资的比重，一般控制在 40% 以内为宜。

与固定工资不同，绩效工资要有上限。同时需要注意，如果上限过低，激励的效果就会受到严重影响；如果上限过高，那企业财务负担就会非常重，进而阻碍自身发展。

企业的盈利要与员工薪酬挂钩。

首先要确定年盈利总额的共享比例。例如，沃尔玛每年会拿出 6% 的年盈利与所有员工共享，也就是说，如果年盈利是 10 亿美元，那么其中的 6000 万美元都属于沃尔玛员工。还有一种动态的盈利共享比例，例如，年盈利 2000 万元则共享比例是 2%；年盈利 3000 万元则共享比例就是 3%。这种做法可以充分调动员工的积极性，达到非常好的激励效果。

然后要确定不同部门的贡献指数。HR 人员必须考虑到各部门之间的协作与团结，尽量把贡献指数控制在一个较小的范围内，并根据实际贡献，区分各部门之间的差别。例如，HR 人员可以将贡献指数确定在 0.7 ~ 1.2 之间，再根据不同的衡量指标计算出各部门的贡献指数，并在此基础上进行利润的分配。

工龄工资的所占比例完全取决于企业的实际情况，一般来说，工龄工资所占比例小，金额不是很高，但工龄工资的设立对公司的长远发展来说是十分有利的。

而补贴补助的设置是为了吸引和留住员工，进而保证企业能够正常运转。因此在具体比例的设计上，HR 人员可以结合岗位的价值、企业的现状、当地的消费水平来进行综合考量，争取做到既能为员工的生活提供实际的补贴，又不至于使企业承担过重的财务负担。

至于奖金的所占比例一般根据员工带来的收益金额的具体情况确定。例如，对于销售人员的销售资金而言，一般交易金额比较大的销售，如金融销售和房地产销售，都适合采取提成的方式，而培训机构的课程销售则必须达成目标，可以在超过这一目标后，再根据实际情况给予销售员工适当的奖励。

HR 人员在设计各个部分的比例时，一定要综合考虑企业的承受能力与发展战略，不可盲目。

14.4 薪酬支付设计

薪酬支付设计的内容包括薪酬的计量形式和支付周期，与员工的利益息息相关。HR 人员一旦支付方式不当，不仅会直接削弱薪酬的激励功能，还有可能诱发新的矛盾。为此，HR 人员应重视对薪酬支付方式的合理选择。

14.4.1 切忌无故延后支付时间

《工资支付暂行规定》第七条规定：工资必须在用人单位与劳动者约定的日期支付。如遇节假日或休息日，则应提前在最近的工作日支付。工资至少每月支付一次，实行周、日、小时工资制的可按周、日、小时支付工资。

一般情况下，企业向普通员工每月支付一次薪酬，称作月薪，并且时间要相对固定，HR 人员可根据企业的实际情况确定支付时间，可在每个月的 10 日或 15 日，也可在月初或月末。

除月薪外，企业要支付的薪酬还包括年薪和年度奖励工资，一般支付这两种薪酬的时间最晚不要超过春节假期开始之日，也就是说，HR 人员必须在放假之前将年薪结算款和年度奖励工资发放到员工手中。

北京有一家互联网公司，每年的 12 月该公司会进行年度绩效结算，然后会在下一年的 1 月中旬支付员工的年终奖及绩效工资，并发放过年红包，让员工过一个好年。正是因为该公司这种大方的行为，吸引了很多人才，公司的发展也越来越好。

但是 2018 年 1 月，该公司并没有按时支付这笔钱，有员工传出小道消息，说公司经营不善，可能不会支付这笔钱，公司上下议论纷纷，工作也没有人做。

公司 HR 部门主管杨伟听到了这些流言后，向上反映了公司现状，最终决定由总经理出面召开员工大会，当面向员工解释清楚，安抚人心。原来由于公司的安保问题，在支付薪酬的前两天，公司保险柜被盗，现在还在处理这件事情，但公司已经用自己的方式解决了资金问题，这笔钱很快就能支付，总经理希望员工能理解公司的难处，并向员工致歉。

这家互联网公司所遇到的这种情况就是一种特殊情况，当企业无法按时向员工支付薪酬时，必须事先向员工解释清楚，不要让员工处在惊慌之中或不了解的状态中，否则只会消磨员工对公司的信任感。

如果 HR 人员无故延后支付时间，会给员工带来企业不靠谱的印象，让员工感觉企业在欺骗员工，从而影响员工的工作情绪和忠诚度，导致员工不断离职，因此，HR 人员一定要尽最大可能做到按时支付。

14.4.2 支付足额的薪酬

HR 人员要向员工支付足够的薪酬，不得有任何截流。在现实中，有些企业是按照一定的比例向员工支付薪酬的，通过向员工承诺在未来的某一天兑现剩余部分的方式留下一部分。

如果企业临时出现了问题，在不得已的情况下，可以先支付一定比例的薪酬，但之前要和员工充分沟通。如果企业在有能力支付的情况下故意选择这种方式，就会给企业的经营带来危机。

上海一家科技公司由于没有足额发放工资，被员工张先生告上了法庭。张先生于 2017 年 1 月 15 日入职，从事业务员工作，双方签订了正式的劳动合同,合同期限为 2017 年 1 月 15 日至 2019 年 1 月 14 日。2018 年 9 月 15 日，张先生以该公司未足额发放其 2018 年 7、8 月份的工资为由离开该公司。随后张先生向仲裁机构提请仲裁，但因不服裁决结果，将公司诉至法院。

法院调查后发现，张先生的工资由基本工资和岗位工资两部分构成，该公司业务员岗位每月可凭发票报销上限为 3500 元的差旅费。张先生 2018 年 7、8 月的工资均为 5380 元。2017 年 1 月至 2018 年 2 月，张先生的月平均工资为 4884 元。该公司已核算张先生 2017 年年度绩效奖金为 6687 元，但未发放给张先生。

法院认为张先生以该公司未足额支付其劳动报酬为由，请求解除双方的劳动合同关系，符合法律规定，法院应予以支持，并由该公司向张先生支付相应薪酬。

张先生的事情让该公司的很多员工都心生不安，在张先生的事情结束后，该公司一大半员工提交了离职申请，而后该公司的合作伙伴知道了这一消息，也因该公司没有诚信而选择与该公司终止合作，该公司面临倒闭危机。

从这个案例中我们可以看出企业足额发放员工薪酬的重要性，企业一旦未足额发放员工薪酬，就是行走在法律的边缘，不仅会让员工不相信企业，还会让合作伙伴产生信任危机。因此，一定要足额发放员工薪酬。

14.4.3　扣除薪酬须遵循一定原则

很多企业都会在管理制度中，明确规定对员工的某些行为进行罚款，比如旷工、迟到、未打卡等要扣除一定数额的基本工资、奖励工资和附加工资。企业扣除部分工资是为了督促员工自觉遵守企业的相关规定。

但一般情况下，企业不能随便扣员工工资，除非有特殊情况或 HR 人员有证据能证明员工给企业造成了明显的经济损失。

《工资支付暂行规定》第十五条规定：用人单位不得克扣劳动者工资。有下列情况之一的，用人单位可以代扣劳动者工资：

（一）用人单位代扣代缴的个人所得税；

（二）用人单位代扣代缴的应由劳动者个人负担的各项社会保险费用；

（三）法院判决、裁定中要求代扣的抚养费、赡养费；

（四）法律、法规规定可以从劳动者工资中扣除的其他费用。

《工资支付暂行规定》第十六条规定：因劳动者本人原因给用人单位造成经济损失的，用人单位可按照劳动合同的约定要求其赔偿经济损失。经济损失的赔偿，可从劳动者本人的工资中扣除。但每月扣除的部分不得超过劳动者当月工资的 20%。若扣除后的剩余工资部分低于当地月最低工资标准，则按最低工资标准支付。

但企业进行惩罚性罚款是为了更好地管理员工的某些不恰当行为，这是必不可少的，企业怎么做才能在不违反法律的情况下扣除员工薪酬？这需要遵循一定的原则，如图 14-7 所示。

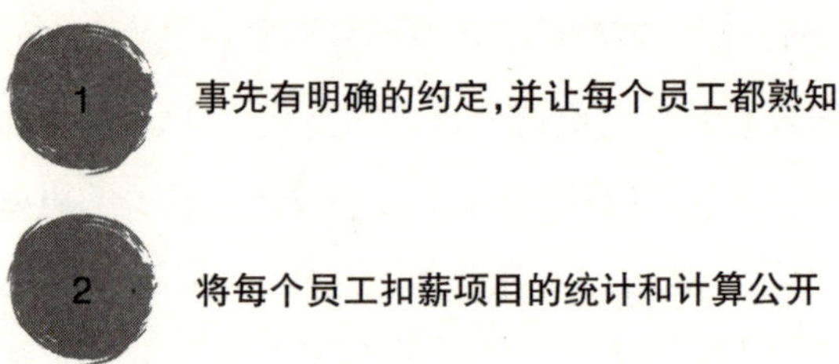

图14-7 扣除薪酬需要遵循的原则

1. 必须事先有明确的约定，并让每个员工都熟知

不得有任何暗箱操作或事后任意追加的行为。企业可以在员工准则中明确标明员工的行为准则，在员工没有异议和疑问的情况下，让员工签字，表明员工已经熟知并认可，形成正式的书面证据。

2. 企业要将每个员工扣薪项目的统计和计算公开

让员工做到心里有数。即便是个人所得税的代扣代缴，也必须事先与员工约定，不能先斩后奏，员工提出疑问之后才做解释。

企业只有遵循一定的原则扣除员工工资，才能做到师出有名，让员工心服口服。

14.4.4 提前支付薪酬要担保

一般情况下，HR 人员不会允许员工随意预支薪酬。但每个员工面临的问题并不相同，当员工急需用钱时，如果 HR 人员坚持不预支薪酬，就会让员工觉得企业缺乏人情味，难以把企业作为自己的依托，从而降低对企业的归属感。

为保证企业与员工各自的利益，HR 人员可以在有担保的情况下向员工预支薪酬，同时还要事先制定好薪酬预支的条件规定和数额规定。

一般情况下，经员工本人或者其家属的申请，员工就可以预支已出勤时间的基本工资、附加工资，以及已核定的奖励工资了。员工能预支薪酬的情况有以下几种：结婚、生育、丧葬、受伤、疾病、意外灾害。

当员工的已出勤和已核定的薪酬数额不足以应对所发生的事件的支出时，HR 人员可以酌情增加预支。但为了降低企业的风险，需要附加担保条款，一般是由其他员工以自己的薪酬收入为该员工做担保。

HR 人员可以明确规定预支薪酬的额度：一般情况下，申请额度不超过月应发工资的 50%，由部门经理审批，财务审核后可直接支付。这时由部门经理承担担保还款的责任。

因财务审核不认真造成累计申请金额超过月应发工资的 50% 时，由财务承担超出部分的担保还款责任；总经理特批的，则由总经理承担担保还款的责任。

企业还需要对还款要求做出明确规定：员工当月预支应在预支日后的首个薪酬发放日与工资冲抵结算；会计按月分部门、分人员结算出预支余额明细，与出纳核对后，按月份与各部门主管对账跟进。

一般员工预支薪酬都属于无奈之举，但 HR 人员不能掉以轻心，一定要做好风险防范与担保工作，以免被别有用心之人找到可利用的漏洞，损害企业利益。

第 15 章 为技术人才制定薪酬的“秘密”

技术人才的薪酬体系不同于其他岗位的薪酬体系，技术人才的薪酬体系的核心不再是绩效，而变成了技能，也就是说，无论员工的绩效表现好坏，如果员工技能够强，那就很可能获得较高的薪酬。

15.1 技术人才薪酬体系的问题

随着大数据、人工智能、5G 等技术的发展，越来越多的企业开始重视技术人才，想要通过技术人才发展壮大企业，但很少有企业能留住这些技术人才，这归根结底是因为薪酬体系不够完善。本节将介绍技术人才薪酬体系的问题，帮助企业找到问题所在。

15.1.1 偏向短期激励，忽视长期激励

技术人才的薪酬体系所面临的第一个问题是偏向短期激励，忽视长期激励。

深圳有一家网络游戏设计公司，现有员工 300 多人，总经理与技术团队核心成员都是“90 后”，来自同一个大学，整个公司员工比较年轻化，整体氛围很活跃，公司出品的网页游戏非常受当下年轻人喜欢，也有投资人看好他们的项目。

因此，该公司总经理想要扩大团队，但受到了技术团队核心成员的阻拦，

双方就这个问题讨论了多次也没有达成统一意见，公司最终错过了这次机会。

总经理不理解为什么技术团队核心成员要阻止他，经过与技术团队核心成员的沟通才找到问题所在。原来这些成员认为，公司既没有给他们股权，也没有什么长期福利，一旦公司扩大了团队，就会对他们的地位产生冲击。

案例中的情景是目前很多企业都可能遇到的，企业为了调动技术人才的工作积极性，鼓励技术人才多做贡献，通常把短期项目奖励作为重要的激励手段，但一个产品从研发到销售并创造利润往往需要一定的周期，在很多时候并不能在短期内显现出其工作成果。

目前企业的短期激励行为有哪些表现?

1. 物质激励为主

目前很多企业在激励手段上都偏重于短期的物质激励，如为业绩突出的员工发放奖金等。这种激励行为是有效的，但它对员工起到的激励作用却是短暂的，且这样的短期物质激励行为存在很大的不确定性，更弱化了其对员工的激励作用。

2. 过于重视成果

短期激励多是给予技术人才的一次性奖励，而这种奖励是针对技术人才的工作成果的。这样的短期激励方式会让技术人才过于重视结果而轻视工作过程，技术人才可能会为了实现短期成果而降低对产品质量和细节的要求，从而影响企业的长期利益。

企业偏向短期激励，忽视长期激励，只会让技术人才过度关注短期利益，从而放弃能为企业带来长期利益的活动，同时会认为企业不重视他们，这不利于企业的长期发展。

15.1.2 薪酬提升通道单一

技术人才的薪酬体系所面临的第二个问题是薪酬提升通道单一。很多企业的技术人才只有自然的行政职务晋升这一条通道，只有升到了团队管理岗位时，技术人才才有提高薪酬的机会，这就会导致技术人才将精力放到行政职务的晋升上，从而影响了产品研发，以及企业研发实力的提升。

北京有一家初创期的高新技术公司，虽然公司的成本管控压力很大，但为了留住核心技术人才，公司的薪酬体系向核心技术人员倾斜，每年 3 月份都会进行核心技术人才的工资调整。技术人才的工资包括基本工资、绩效工资和年终奖三部分。

该公司薪酬调整有两个主要依据。

1. 个人职位调整。技术人才晋升到管理岗位后，薪酬会随之提高。

2. 个人上一年的绩效成绩等级。上一年季度绩效考核成绩三个 A 以上，薪酬即可提高。

该公司每年度技术人才薪酬调整的比例占全部技术人员的 10%。很多技术人员发现，即便自己很努力，也很难升职和调薪，所以每年都有一部分技术骨干离职。

基于以上情况，该公司应该首先设立不同的发展通道，确保技术人才有提升的空间和通道。使技术人才在技术通道上发展也可以获得与管理人员相同的工资。

其次该公司应有针对性地设立研发技术类人才的项目奖金、产品奖金、创新奖、专利奖等专项奖金，鼓励技术人才创新，保持技术的领先性。

最后由于该公司是技术导向型的公司，应加大调薪的人数比例和薪酬调整幅度，让更多的技术人才有调薪的机会。

HR 人员可通过案例中的这些方法，解决薪酬提升通道单一的问题，以保证技术人才的工作积极性。

15.1.3 平均主义现象比较严重

技术人才的薪酬体系所面临的第三个问题是平均主义现象较严重，这是目前很多企业都存在的问题，这样做忽视了技术人才与其他类别员工的差异及技术人才之间的差异，不能体现知识、技术的价值，从而挫伤技术人才的积极性。

上海有一家 App 外包公司，员工经常抱怨“为什么他和我获得了一样的奖励？明明工作都是我做的……”“经理表扬我的时候为什么还要表扬他？

为什么我这么努力，业绩也这么出色，在经理眼里，却和这个无所事事的人是一样的？”整个公司员工的怨气非常重，经常有员工吵架，团队合作难以进行，人才流失很严重，有些技术人才拿到很高的工资依然要走。

该公司经过调查后发现造成这些问题的根本原因是公司薪酬体系的“平均主义”。员工有怨气、离职不是对工资不满意，而是认为身边无能的同事跟自己拿到的工资差不多。

从这个案例中我们能看出企业薪酬“平均主义”的危害，尤其对技术人才而言，不合理的薪酬只会打击他们研发产品的积极性。

技术人才的薪酬要根据企业开发产品的时间及市场的销售状况而定，这也就意味着，即便技术人才从事的工作内容基本相同，但他们在工作中所投入的时间和精力却有很大差异。因此，企业简单地根据技术人才所从事的工作来确定其薪酬水平，很难体现出技术人才对企业所做出的贡献的差别。

除了以上这种情况，还有很多企业仅按技术人才的职称、资历或者学历来确定其薪酬等级，同样体现不出专业技术人才的价值。这就导致了技术人才对薪酬的不满。

HR 人员在设计技术人才的薪酬时，要先有效区分不同技术人才的技术水平，这是打破薪酬“平均主义”的关键。

15.2 适用于技术人才的薪酬模式

基于技术人才的特点与薪酬体系的现状，企业应适当调整薪酬模式，使它与技术人才相匹配，更好发挥薪酬的激励作用。本节将具体介绍适用于技术人才的薪酬模式，以便企业进行借鉴。

15.2.1 专业技能取向型薪酬模式

专业技能取向型薪酬模式是指根据技术人才的专业技术职务来设计薪酬,而技术人才的专业技术职务提升与其专业技能成长紧密相关的薪酬模式。

北京有一家通信公司，按行政区域设置了两级分公司。员工大约有1000人，分布在北京总部和各级分公司，其中技术人才占全部员工数的51%。

以前该公司的薪酬体系是单一职位薪酬制，员工的薪酬增长要通过职位提升来实现，因此很多技术人才都不愿意专攻技术，而喜欢干管理，尽可能地转向管理岗位。这样带来了两个后果：一是管理队伍膨胀；二是技术革新工作受影响。为此该公司一改过去的单一职位薪酬制，为技术人才增设了技能取向型薪酬模式。

企业可以为技术人才设计两条不同的路径：一条以职位等级提升为主线；另一条以专业技术职务提升为主线，与此配套的薪酬设计也采用管理和专业技术职务并行的模式。

职位等级薪酬制是企业在综合考虑各管理职位的工作内容、工作难度和重要程度的基础上建立起来的薪酬等级制度，该制度仅针对管理职位，技术人才根据所在职位的等级享受等级薪酬，而专业技术职务薪酬制是在职位等级薪酬之外，针对技术人员的专业技术发展而建立起来的薪酬体系。

专业技术职务薪酬制与职位等级薪酬制该如何对接?

1. 专业技术职务都有相应的职位等级，相应的职位等级薪酬就是对应的专业技术职务的薪酬。员工专业技术职务不变，薪酬等级也不变。

2. 技术人才从一个专业技术职务晋升到上一级专业技术职务时，薪酬等级随之提升。

3. 专业技术职务薪酬与职位等级薪酬横向调整，技术人才调任平行的管理职位，专业技术职务薪酬变为职位等级薪酬，职位等级不变。

HR 人员可根据企业自身情况设计职位等级薪酬制与专业技术职务薪酬制并行的薪酬体系，有效调动技术人才学习、提升技能的积极性，同时拓宽技术人才的职业晋升渠道，提高企业的职业管理水平。

15.2.2 岗位价值取向型薪酬模式

岗位价值取向型薪酬模式是 HR 人员将体现技术人才技能和业绩的因素

价值化，以技术人才所拥有的技能的高低和业绩的多少来确定其薪酬待遇的薪酬模式。这是目前企业采用较多的一种薪酬模式。

深圳有一家以机械设备制造、科研为主导的企业，现有员工 8000 人，各类专业技术人才 2000 人。近年来，该企业人才流失较为严重，特别是有一定技术专长的专业技术人才流失率更高。

为了控制专业技术人才流失，企业总经理要求 HR 部门进行薪酬改革，明确要求专业技术人才的薪酬要充分体现专业技术人才的价值和贡献，上不封顶。为此该企业 HR 人员为专业技术人才构建了一套岗位价值取向型薪酬模式，薪酬总额 = 基本生活费 + 工龄薪酬 + 知识价值 + 岗位薪酬。

1. 基本生活费

企业规定每个专业技术人才的基本生活费都是每月 2000 元。

2. 工龄薪酬

标准为 200 元 / 年，即员工在企业工作每满一年就按月多发 200 元的工龄工资。

3. 知识价值

根据学历、职称、科技成果三个付薪因素确定，确定依据如表 15-1 所示。

表15-1　知识价值确定依据

付薪因素	标准
学历价值	中专：70元/月；大专：150元/月；本科：400元/月；硕士研究生：700元/月；博士研究生：2300元/月
职称价值	技术员：100元/月；助理工程师：200元/月；工程师300元/月；副高级工程师500元/月；正高级工程师：1000元/月
科技成果价值	根据所取得成果的档次，核定不同系数，每0.1个系数发薪酬400元/月，根据累计系数发放薪酬，系数最高为9，可拿到36000元/月

4. 岗位薪酬

按照不同职务和不同技术等级核定不同的月薪酬档级。

该企业 HR 人员根据这套岗位价值取向型薪酬模型，对技术人员的薪酬进行了调整。调整之后的薪酬模式获得了技术人员的广泛认可，缓解了企业人才流失严重的问题。

岗位价值取向型薪酬模式需要 HR 人员重点解决应将哪些技能和业绩指标作为技术人才的付薪因素，如何确定所选取的这些因素和指标之间的权重的问题。

无论是哪一种评估分类，对于技术人才而言，都要根据专业技术的特性来设定指标权重和比例，细分付薪要素，比如将工作责任细分为工作独立性、工作内容的广度、知识的广度，然后再细分这三个细分要素的等级。

在实施岗位价值取向型薪酬模式时，HR 人员要像案例中的企业一样，对岗位进行详细划分与评估，以免薪酬体系与企业的实际情况不符，影响企业的长远发展。

15.3 为技术人才制定薪酬的技巧

HR 人员掌握了技术人才薪酬体系的现状及适用于技术人才的薪酬模式之后，还需要掌握为技术人才制定薪酬的技巧，本节将详细介绍这一方面的内容。

15.3.1 薪酬与技术水平挂钩

在为技术人才制定的薪酬体系中，HR 人员可以将薪酬与技术人才的技术水平挂钩，这样，就把技术人才的技能与企业战略结合在了一起，可以有效激励技术人才为了获得较高薪酬而不断提高自己的技能，从而推动企业战略向前推进。

通过将薪酬与技术水平挂钩的方式，将薪酬向高技术人才倾斜，有利于吸引、选拔、留存一部分高技术人才，而这部分技术人才也可以作为企业核心力量的候选者。

将薪酬与技术水平挂钩后，能充分激发技术人才的主动性和积极性，同样会带来一些问题。如果技能没有或者不能在工作中得到恰当使用，那企业预期的绩效表现很可能无法顺利达成。

HR 人员要想做好将薪酬与技术水平挂钩，离不开以下两个方法。

1. 明确技能的范围

HR 人员必须明确自己要为哪些技能支付薪酬，否则很可能会出现技术人才好高骛远，忽视本职工作的现象。在为确定好的技能支付薪酬时，HR 人员要仔细分析技能总价值与市场薪酬水平之间的联系。除了技能类型的范围，技能开发的范围也很重要，HR 人员到底应该将技术人才培养成通才，还是着重为技术人才提升那些具有很高价值的特定技能？这是企业必须考虑的。

2. 鼓励技术人才不断提升技能

随着工作年限的不断增长，很多技术人才会缺乏学习新技能的动力，所以就需要一些激励手段的帮助，如分享利润、股票期权等。

北京一家企业将技术人才必须具备的技能划分为三种类型：基础技能、核心选修技能、自由选修技能，每一种类型的技能都有相对应的培训。根据培训结果，HR 人员将技术人才划分为五个等级，并为各个等级设计了不同的基本薪酬，如表 15-2 所示。

表15-2　不同等级技术人才的基本薪酬

技术人才等级	基本薪酬
初级	3000元/月
一级	3500元/月
二级	4000元/月
三级	4800元/月
四级	6000元/月

考虑到最高等级为四级，技术人才升上去以后很可能会出现倦怠心理，所以企业为那些达到四级以后又具备新技能的技术人才，提供了比基本薪酬更具吸引力的激励薪酬——利润分享，即将企业的一部分利润拿出来分享给满足条件的技术人才。

薪酬与技术人才的技术水平挂钩，除了能充分调动技术人才的工作积极性，还能帮助企业吸引并留下这些技术人才。

15.3.2 提供具有竞争力的基本薪酬

基本薪酬是指企业根据技术人才所承担或完成的工作，或根据技术人才所具备的完成工作的能力，向技术人才支付的稳定性报酬。

北京有一家合资公司，成立于 2015 年，时间较晚，公司目前主营中央空调和机房空调产品的生产与销售。目前有员工 600 多人，其中空调研发人员有 150 多人。

公司成立早期，人员较少，对薪酬体系的要求不高。随着人员的激增、规模的扩大，该公司下一步的发展战略是打造公司核心竞争力，这需要大量的技术人才。但由于该公司的薪酬重点不在技术人才身上，因此在市场上该公司的薪酬没有竞争力，而且又因为研发项目的周期较长，很多技术人才都待不久。为解决这一问题，该公司提高了技术人才的基本薪酬。

对技术人才来说，高薪具有很强的激励作用。HR 人员为技术人才提供的具有竞争力的薪酬，是留住人才的法则之一。这是因为大多数技术人才都是风险回避型，而且对技术的认同程度高，期望得到较高且稳定的收入，以专心于专业研究。

而所谓的具有竞争力的基本薪酬，一要可以留住人才，二要让人才体会到企业的“惜才”之心，三要可以激励人才努力工作，并为企业留住人才奠定基础。

除此之外，HR 人员还要提高技术人才的基本薪酬在薪酬总额中所占的比重，最好是处于劳动力市场的领先地位，对很多技术型企业来说，能不断开发出具有竞争力的产品才是企业的立足之本。

HR 人员在确定基本薪酬之前，应先进行周密的市场调查，以确定目前技术人才的基本薪酬水平，然后根据企业的承受能力、发展战略制定基本薪酬，并保持其基本薪酬的外部竞争力，如果市场出现较大变动，HR 人员可随之对基本薪酬进行调整，这样才能达到激励人才和留住人才的最终目的。

15.3.3　兼顾长期激励与短期激励

对技术型企业而言，技术人才决定和影响着它的生存与发展，他们掌握了企业的核心技术，推动着企业的日常运营，做好这部分员工的管理，是人力资源工作的重中之重。但实际上，很多企业并不能留住这些技术人才，归根结底还是薪酬体系不够完善。

很多时候，由于技术人才的工作周期较长，其工作结果对企业的影响又属于滞后型，甚至有些时候根本无法体现，所以，不能以短期的利润作为评价和激励他们的重要依据。因此，对技术人才的激励，既要兼顾短期激励，又要有长期激励，帮助企业更有效地吸引、激励、保留技术人才。

短期激励的激励措施以月度、季度或年度为周期，其中常用的为年薪制。因其时间周期短，所以激励效果立竿见影。但短期激励兑现后即失效，因此，额度不宜制定得过高，以避免技术人才为获得短期激励而忽略了企业的长期利益。

长期激励需要一个较长的周期才能兑现，同时这种激励也是可长期享有的。长期激励的设置一定要有吸引力，让技术人才一旦得到就不舍得放弃，才能达到留住技术人才的目的。除此之外，HR 人员还要给长期激励设定一定的条件，比如任职年限、业绩表现等，避免个别技术人才不思进取、得过且过。

HR 人员可采用的长期激励措施有很多种，如图 15-1 所示。

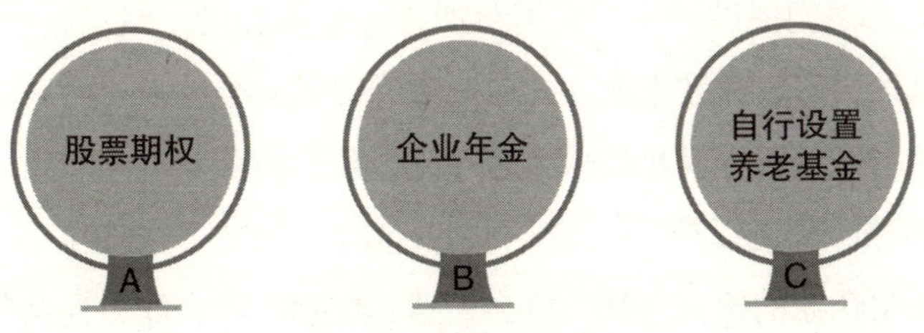

图15-1　长期激励措施

1. 股票期权

股票期权是长期激励的有效措施，通过给予技术人才一定份额的股票期权，并设定期权兑现的条件，可将技术人才个人的未来收益与企业直接关联在一起。

2. 企业年金

企业年金是国家为更好地解决全社会的养老问题，近几年开始在企业中大力推广的长期激励措施，同样也可以应用于对于技术人才的长期激励。

3. 自行设置养老基金

企业可自行设置养老基金，可根据技术人才历年绩效年薪或奖金的一定系数进行基金额度的核算，也可以根据技术人才的任职年限、历史业绩等设定额度标准和领取期限。

对于有突出贡献的技术人才，HR 人员应该给予其短期激励与长期激励，深化企业与技术人才的长期利益联系，以实现提升技术人才忠诚度，使双方达到互利共赢的目的。

15.3.4 提供能够满足高层次需求的福利

由于知识更新速度的加快，技术市场竞争越来越激烈，技术人才的自我发展意识也越来越强烈。因此，一些常规的福利和服务不再是吸引并留住技术人才的关键因素，他们更为看重继续受教育和接受培训的机会。

因此，HR 人员除了为技术人才提供各种物质上的便利与福利，还应为他们提供能够满足高层次需求的福利，如继续深造、出国学习、各种学习培训机会等，为他们提供时间与费用参加各种学术会议，如专业学术研讨会、科技发明认证会等，为技术人才的自我提升提供机会。

企业这样做既可以满足技术人才个人发展和自我实现的需求，提高其对企业的归属感，又可以帮助技术人才找到吸收新知识、接触行业前沿问题、学习其他同类企业的研究方法的机会，达到加强技术合作，为企业和技术人才的发展创造条件的目的。

那么，HR 人员如何才能做好为技术人才提供培训的工作？方法有很多种，这里仅介绍其中的两种，以供参考，如图 15-2 所示。

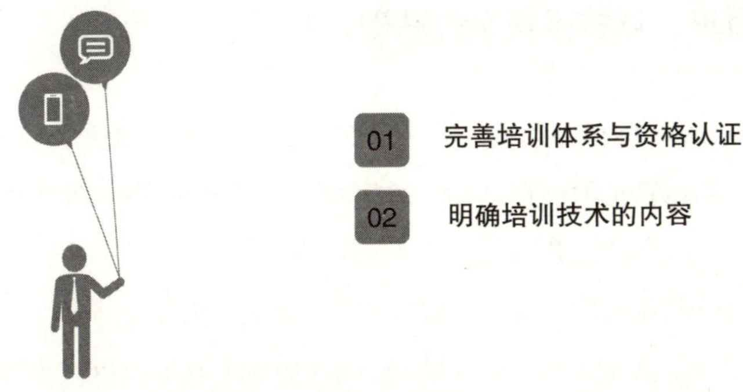

图15-2　HR人员如何做好为技术人才提供培训的工作

1. 完善培训体系与资格认证

为了让技术人才能具备岗位所需的各种技术，企业必须建立并完善培训体系。同时为保证技术人才确实掌握了这些技术，企业也要有一个技能资格认证过程，促使技术人才将技术始终保持在一个比较高的水平上。

2. 明确培训的内容

培训的内容一共有两种决定方式：一是技术人才自己决定；二是根据工作流程及实际需求决定。HR 人员要根据企业的具体情况来明确要采用何种方式来确定培训内容。

另外，HR 人员还应明确培训的速度，因为无论是速度过快还是速度过慢，都会对培训效果产生影响。

总之，无论是提供培训机会还是其他方法，最终的目的都是满足技术人才的高层次需求，帮助企业吸引并留住有能力的技术人才。

15.4 BAT 如何为技术人才制定薪酬

在互联网公司里，BAT 是众多企业学习的标杆，BAT 是指百度、阿里巴巴和腾讯。本节将具体介绍这 3 个互联网巨头如何为技术人才制定薪酬，以供读者参考。

15.4.1 百度：以技术等级为基础

百度的职级架构有 4 条线，其中的 2 条为技术序列和管理序列。

技术序列用 T 表示：T1 ~ T3 对应到阿里巴巴中高一级序列，即百度 T3 级别相当于阿里巴巴 P4 级别，T5、T6 属于部门骨干。

管理序列用 M 表示：M1 ~ M5 中每一级又分为 2 个子级，分别在后面缀以 A、B 表示，其中最低为 M1A。管理人员 M3 以上就有机会加入 E-star，即最高战略决策层。

百度为技术人才制定的薪酬体系是以技术等级为基础的。百度将技术岗位划分为 T1 ~ T12，T1 最低，T12 最高，T5 以上为关键岗位，分配股票、期权。T5、T6 占比最大，T8、T9 占比最小，级别越高，每档之间的宽幅越大。

百度业务固定，内部稳定，大部分工作都按部就班，较为稳定，尤其是老员工。但对于新员工而言，这意味着成长空间极度压缩，机会少，上升慢，新老员工的期权数量相差悬殊，很多新员工的贡献比老员工大，但收入反而倒挂，因此很多新人等不到 3 年就会跳槽。

新员工入职后，每年有两次升职机会，分别为 3 月和 9 月。每年有一次工资普涨的机会，3 月调整，4 月公布。一般涨幅为 15%。

百度每半年由员工的直属领导计算一次绩效，绩效得 1 为十分优异。受限于比例，全公司能绩效得 1 的很少。绩效得 1 的奖金数为正常奖金数的 1.8 ~ 2 倍；得 2 代表表现比较优异，所占比例比 1 多，奖金提升 1.5 倍左右；得 3 为绩效正常，奖金无变化；得 4 为表现略差，奖金可能会降低，系数在 0.8 左右；得 5 代表即将被淘汰。

百度将不同职能分为不同序列，不同序列的话语权和地位从高到低为：M（管理层）>T（研发）>P（产品经理）>P（产品运营）=U（设计）>B（商务市场等），只有 M 有管理权限。

百度以技术等级为基础，能不断激励技术人员提高自己的专业能力，最终达到共赢的目的。

15.4.2　阿里巴巴：专家路线+“80/20法则”

阿里巴巴有两套人才发展体系。

一套体系是管理者路线：M 序列 = 管理岗。阿里巴巴细分了每一个层级的能力，包括它的能力表现是什么，要达到什么样的层级，实现了整体人力资源体系的科学化。

另一套体系是专家路线：P 序列 = 技术岗，包括程序员、工程师，处于这一序列中的员工是某一个专业领域的人才。大部分技术人才都归纳在 P 序列中，表现形式为员工的“职位 + 工种”。一般到 P3 为助理，其中 P6、P7、P8 需求量最大，占比也最大，如表 15-3 所示。

表15-3　阿里巴巴人才的级别、定义（2018年）

级别	基本定义	对应级别
P1、P2	一般空缺，为非常低端岗位预留	
P3	助理	
P4	初级专员	
P5	高级工程师	
P6	资深工程师	M1主管
P7	技术专家	M2经理
P8	高级专家	M3高级经理
P9	资深专家	M4（核心）总监
P10	研究员	M5 高级总监

阿里巴巴早期处于 P 序列的员工层级普遍偏低，初级专员对应等级大概是 P2，后来 P 级“通货膨胀”，出现更多的 P 级。不同子公司的 P 级标准不一样。比如：B2B 子公司中 P 级较高，但薪酬水平比天猫子公司的同级人员低。

技术岗的 P1 ～ P4 都是基本岗位，技术性更强的岗位，从 P5 ～ P9 所对应的薪酬和股份分别如表 15-4 所示。

表15-4 阿里巴巴专家级别及对应薪酬和股份（2018年）

级别	年薪（人民币元）	股份（4年拿完）
P5	15W ~ 25W	无
P6	20W ~ 35W	无
P7	30W ~ 50W	2400股
P8	45W ~ 80W	6400股
P9	80W ~ 100W	16000股

阿里巴巴的薪酬结构一般是 12+1+3=16 薪，年底奖金为 0 ~ 6 个月薪酬，其中大部分人年底可拿到 3 个月薪酬，工作满 2 年才能拿到股票，员工在拿到股票的第一年可以拿到股票的 50%，所有股票 4 年全部拿完。

P5 升至 P6 相对容易，P6 升至 P7 非常难，这一步是从员工岗转向管理岗，难度可想而知，一般能达到 P7 的都是团队的技术领导。

另外，阿里巴巴在选择激励对象时，遵循的是“80/20 法则”。具体而言，前 10% 靠的是个性激励，后 10% 靠的是负面淘汰激励，而剩下的 80% 则是真正需要激励的群体。阿里巴巴的薪酬激励制度不仅具有多样性，而且还具有针对性。阿里巴巴有针对技术人才的个人激励计划，只要技术人才在标准时间内超额完成了规定任务，就可以获得绩效奖金。

阿里巴巴的专家路线与“80/20 法则”，既给了技术人才成长、晋升的机会，又让技术人才感受到压力，努力学习，以不断提升自己，最终与公司形成一个良性循环。

15.4.3 腾讯：“T族”下再分子级

腾讯技术岗位的分级不同于阿里巴巴与百度，大致分为 T1 ~ T4，其中 T1 ~ T3 每一级又细分为 3 级，如表 15-5 所示。

表15-5 腾讯技术岗位的分级

级别		基本定义	月薪范围（人民币元）
T1助理工程师	T1.1	低端岗位	1W+
	T1.2	本科生	
	T1.3	研究生	
T2工程师	T2.1	博士生	1W ~ 14W
	T2.2	工程师	1.5W ~ 21W
	T2.3	工程师	2W ~ 28W
T3高级工程师	T3.1	资深工程师	2.3W ~ 32W
	T3.2	技术专家	50W ~ 70W
	T3.3	总监	60W ~ 70W
T4专家		总监以上	100W+

腾讯按照岗位划分出四大通道，内部也叫“族”，技术通道简称 T 族，其中 T1 为助理工程师（一般为校招新人）；T2 为工程师；T3 为高级工程师；T4 为专家。

腾讯的薪酬架构是 12+1+1=14 薪，这是标准薪酬，但通常员工能拿到 16 ~ 20 薪。员工级别越高，基础薪酬也越高，根据表现员工一年大概能得到 15.3 ~ 18 个月的工资，T3.1 的基础薪酬是 2.3 万元 / 月，T3 及以上级别的员工有股票期权。

腾讯采用末位淘汰制进行考核，每年的 6 月和 12 月各考核一次，前 10% 为优秀，必须有 5% 的人转组或被淘汰。

在腾讯，升级离不开考核结果，技术人员要升一个小等级，最近的两次考核必须得过一次 A 类。评估合格可晋升一个子级别，子级别到 3 后可上升一个大级。腾讯的最新政策规定：基础职能岗位对应等级为 T1.1，本科毕业生为 T1.2，硕士毕业生为 T1.3。

晋升标准主要有两部分：

1. 硬性指标

包括技术人才的工作年限、在晋升等级前的等级的停留年限、考核成绩、负责业务的重要程度、是否有重大贡献等。

2. 面试

一般等级在 T2.2 之下，腾讯对硬性指标的要求不高，从 T2.3 开始，要求逐渐升高并伴有严格面试。

T3 之后，技术人员迈入业务骨干行列，或可以开始正式带团队，因此，从 T2.3 升到 T3.1 是一个门槛，T3.1 以后的晋升难度会更大。

除了上面的这些晋升问题，腾讯还存在晋升天花板，新员工入职后，要学很多东西，但实际的业务线与岗位都是固定的，因此很难晋升到高级岗，尤其是 T2 升 T3、T3 升 T4。

但腾讯在“T 族”下再分子级，将升级通道细化，有利于员工把握每年的评级机会，建立一条上升的职业曲线，不断提升自我能力。

附录

1. 面试情况记录表

姓名		应聘部门		应聘岗位		填表日期	
第一部分　考察求职者的综合素质							
评定项目	考察要点（5=非常好；4=较好；3=一般；2=较差；1=非常差）	部门评定（一面）（1～5分）	部门评定（二面）（1～5分）				
态度仪表	衣着打扮得体，言行举止得体，态度端正						
言语理解/表达能力	能够理解他人的意思，表达流畅，内容有条理，用词准确、恰当、有分寸						
压力承受能力	有耐心、有韧劲，在遇到批评、指责、压力或受到冲击时，能够克制、容忍、理智地对待						
自我认知	能够客观、正确地评价自己的优势和不足						
影响力	能够很好地表达自己的观点，使别人认同，并能激励别人为达到目标共同努力						
逻辑思维	思路清晰，对事件的描述符合逻辑、严密、有条理						
人际协调能力	具有合作意识，能接受不同的意见，能进行有效的沟通						
主动性	具有进取心，能以积极的心态主动地推进工作						
应变能力	在压力状况下思维反应敏捷，情绪稳定，考虑问题周到						

续表

<table>
<tr><td>姓名</td><td></td><td>应聘部门</td><td></td><td>应聘岗位</td><td></td><td>填表日期</td><td></td></tr>
<tr><td colspan="8">第一部分　考察求职者的综合素质</td></tr>
<tr><td colspan="2">评定项目</td><td colspan="2">考察要点
（5=非常好；4=较好；3=一般；2=较差；1=非常差）</td><td colspan="2">部门评定
（一面）
（1～5分）</td><td colspan="2">部门评定
（二面）
（1～5分）</td></tr>
<tr><td colspan="2">稳定性</td><td colspan="2">不会频繁地更换工作，有集体荣誉感，有责任感
离职原因：

求职动机：</td><td colspan="2"></td><td colspan="2"></td></tr>
<tr><td colspan="8">第二部分　考察求职者的专业知识和技能
（请业务部门根据职位说明书，列出2～3个岗位关键胜任能力及考核要点）</td></tr>
<tr><td colspan="2">考核维度</td><td colspan="2">考核要求
（5=非常好；4=较好；3=一般；2=较差；1=非常差）</td><td colspan="2">部门评定
（一面）
（1～5分）</td><td colspan="2">部门评定
（二面）
（1～5分）</td></tr>
<tr><td colspan="2"></td><td colspan="2"></td><td colspan="4"></td></tr>
<tr><td colspan="2"></td><td colspan="2"></td><td colspan="4"></td></tr>
<tr><td colspan="2"></td><td colspan="2"></td><td colspan="4"></td></tr>
<tr><td colspan="2">业务部门/HR部门/总经理意见</td><td colspan="6">综合评价：（不少于60字）
业务部门

录用建议：□录用　□ 不予录用　□ 推荐到其他部门或岗位
建议工资：　试用期　转正后

HR部门

录用建议：□录用　□ 不予录用　□ 推荐到其他部门或岗位
建议工资：　试用期　转正后

总经理评价

录用建议：□录用　□ 不予录用　□ 推荐到其他部门或岗位
建议工资：　试用期　转正后</td></tr>
</table>

2. 态度评价表

	优秀	良好	一般	较差	差
积极性（是否能够自我驱动，在完成工作中是否需要其他人督促，以及对于额外工作的态度）	1.2分	1.0分	0.8分	0.5分	0分
	对于本职工作很积极主动地完成；长期坚持学习业务知识；对于额外工作任务能主动请求并且能高质量完成；工作中善于发现问题，并经常提出新思路和建议	对于本职工作积极主动地完成；较为主动地学习业务知识；较为主动地承担额外工作任务；工作中有时能够主动提出新的思路和建议	对于本职工作能够按部就班地完成；学习业务知识主动性一般；有时主动承担一般的工作额外任务；在别人的督促下，能够提出一些新的思路和建议	完成本职工作积极性较差，偶尔拖沓或降低质量；偶尔主动学习业务知识；很少主动承担一般额外工作任务；在别人的督促下，能提出个别的新思路和建议	完成本职工作积极性很差，经常拖沓或降低质量；基本上不主动学习业务知识；不主动请求承担一般的额外任务；在别人的督促下，也不能提出新思路和建议
协作性（在工作中与同事相处时的服务、合作意识）	1.2	1.0	0.8	0.5	0
	主动协助同事出色地完成工作	能够与同事保持良好的合作关系，协助同事完成工作	根据同事的请求能够提供一般性协助	不能积极响应同事的请求或者协助完成任务质量较差	对同事的协助请求不响应或者协作完成任务质量差
责任心（工作的敬业精神）	1.2	1.0	0.8	0.5	0
	工作有强烈的责任心	工作有较强的责任心	工作责任心一般	工作责任心较差	工作责任心极差
纪律性（遵守公司制度和听从上级安排的态度）	1.2	1.0	0.8	0.5	0
	能够长期严格遵守规章制度及本职工作的规定与标准，有非常强的自觉性和纪律性	能够遵守规章制度及本职的工作的规定与标准，有较强的自觉性和纪律性	基本能够遵守规章制度和本职工作的规定与标准，基本能够遵守纪律，但有时出现自我要求不严的情况	遵守规章制度和本职工作的规定与标准的态度较差，违规情况时有发生，自觉性和纪律性较差	不能遵守规章制度和本职的工作的规定与标准，经常发生违规情况，自觉性和纪律性差

3. 绩效考核申诉表

<table>
<tr><td>申诉人</td><td></td><td>所在部门</td><td></td><td>岗位</td><td></td></tr>
<tr><td>申诉事项</td><td colspan="5"></td></tr>
<tr><td>申诉原因</td><td colspan="5"></td></tr>
<tr><td>接待人</td><td colspan="2"></td><td colspan="2">申诉日期</td><td></td></tr>
</table>

4. 绩效考核申诉处理记录表

<table>
<tr><td colspan="2">申诉人姓名</td><td></td><td>部门</td><td></td><td>职位</td><td></td></tr>
<tr><td colspan="2">申诉事项</td><td colspan="5"></td></tr>
<tr><td colspan="2">申诉原因摘要</td><td colspan="5"></td></tr>
<tr><td colspan="3">面谈时间</td><td colspan="2"></td><td>接待人</td><td></td></tr>
<tr><td rowspan="4">处
理
记
录</td><td colspan="6">问题简要描述：</td></tr>
<tr><td colspan="6">调查情况：</td></tr>
<tr><td colspan="6">建议解决方案：</td></tr>
<tr><td colspan="6">协调结果：</td></tr>
<tr><td colspan="7">经办人：</td></tr>
<tr><td colspan="7">备 注：</td></tr>
</table>

5. 营销总监绩效考核指标

<table>
<tr><td colspan="2">姓名</td><td></td><td>职位</td><td>营销总监</td><td>部门</td><td></td></tr>
<tr><td colspan="2">考核人</td><td></td><td>职位</td><td>总经理</td><td>部门</td><td></td></tr>
<tr><td>指标维度</td><td colspan="2">KPI</td><td>比重</td><td colspan="2">绩效目标值（考核期内）</td><td>考核得分</td></tr>
<tr><td rowspan="5">财务</td><td colspan="2">净资产回报率</td><td>10%</td><td colspan="2">在____%以上</td><td></td></tr>
<tr><td colspan="2">主营业务收入</td><td>10%</td><td colspan="2">达到____万元</td><td></td></tr>
<tr><td colspan="2">销售收入</td><td>10%</td><td colspan="2">达到____万元</td><td></td></tr>
<tr><td colspan="2">销售费用</td><td>5%</td><td colspan="2">控制在预算之内</td><td></td></tr>
<tr><td colspan="2">货款回收率</td><td>5%</td><td colspan="2">达到____%以上</td><td></td></tr>
<tr><td rowspan="5">内部运营</td><td colspan="2">年度战略目标完成率</td><td>10%</td><td colspan="2">达到____%以上</td><td></td></tr>
<tr><td colspan="2">销售计划完成率</td><td>10%</td><td colspan="2">达到____%以上</td><td></td></tr>
<tr><td colspan="2">合同履约率</td><td>5%</td><td colspan="2">达到____%以上</td><td></td></tr>
<tr><td colspan="2">销售增长率</td><td>5%</td><td colspan="2">达到____%以上</td><td></td></tr>
<tr><td colspan="2">市场推广计划完成率</td><td>5%</td><td colspan="2">达到____%以上</td><td></td></tr>
<tr><td rowspan="3">客户</td><td colspan="2">市场占有率</td><td>5%</td><td colspan="2">达到____%以上</td><td></td></tr>
<tr><td colspan="2">客户保有率</td><td>5%</td><td colspan="2">达到____%以上</td><td></td></tr>
<tr><td colspan="2">客户满意率</td><td>5%</td><td colspan="2">在____%以上</td><td></td></tr>
<tr><td rowspan="2">学习发展</td><td colspan="2">培训计划完成率</td><td>5%</td><td colspan="2">达到100%</td><td></td></tr>
<tr><td colspan="2">核心员工保有率</td><td>5%</td><td colspan="2">达到____%以上</td><td></td></tr>
<tr><td colspan="6">考核总分值</td><td></td></tr>
<tr><td>考核指标说明</td><td colspan="6">销售增长率
$$销售增长率=\left(\frac{当期销售额或销售量}{上期（或去年同期）销售额或销售量}-1\right)\times 100\%$$</td></tr>
<tr><td colspan="2">被考核人</td><td colspan="3">考核人</td><td colspan="2">复核人</td></tr>
<tr><td colspan="2">签字：</td><td colspan="3">签字：</td><td colspan="2">签字：</td></tr>
<tr><td colspan="2">日期：</td><td colspan="3">日期：</td><td colspan="2">日期：</td></tr>
</table>

6. HR部门绩效指标

序号	目标类	指标	权重	2020年目标值	是否达成
1	招聘指标	招聘到岗率	25.00%	80%的招聘到岗率	
2	培训指标	培训受训率	5.00%	全体员工受训率达到80%以上	
3	培训指标	人均培训小时数	5.00%	不小于5小时	
4	绩效管理指标	个人绩效覆盖率	10.00%	100%的个人绩效覆盖率	
5	绩效管理指标	部门绩效分解跟进覆盖率（分解至组）	5.00%	90%的跟进覆盖率	
6	绩效管理指标	部门绩效分解跟进覆盖率（跟踪至组）	10.00%	深入跟进覆盖博客、视频邮箱的季度指标	
7	人员管理指标	新员工管理	5.00%	所有新员工均实施新员工管理体系	
8	人员管理指标	人员优化比例	5.00%	大于5%，按年度××人计算，预计优化5%（××人）	
9	人员管理指标	核心员工流失率	10.00%	核心员工每年流失率控制在15%以内	
10	人员管理指标	核心员工保留率	5.00%	所有核心员工	
11	人员管理指标	离职管理	5.00%	对所有离职员工均进行离职面谈，给予部门合理化建议，离职员工面谈率达到100%	
12	综合支持指标	综合支持满意度	10.00%	大于85%	
合计			100%		